Joachim Jahnke

Holt endlich die
Soziale
Marktwirtschaft
zurück!

Die lange Geschichte
ihres Untergangs

Bibliografische Information der Deutschen Nationalbibliothek:
Die Deutsche Nationalbibliothek verzeichnet diese Publikation in
der Deutschen Nationalbibliothek, detaillierte bibliographische
Daten sind im Internet über http://dnb.d-nb.de abrufbar.

© Joachim Jahnke
Herstellung und Verlag: BoD – Books on Demand, Norderstedt
ISBN: 9783738612592

Inhalt

Vorwort

Dies ist die umfassend aktualisierte, ergänzte und jetzt mit farbigen Grafiken angereicherte Kurzfassung meines im Februar vergangenen Jahres mit gleichem Untertitel erschienenen Buches „Es war einmal eine Soziale Marktwirtschaft". Darin soll kein alter Mann oder jung gebliebener 68er nostalgisch und gleichzeitig abstrakt nach den „guten alten Zeiten" rufen oder, wie der 93-jährige ehemalige Widerstandskämpfer Stéphane Hessel in „Indignez-vous!", die Jugend zum Aufstand aufrufen. Statt dessen soll streng auf Fakten basierend der Untergang der Sozialen Marktwirtschaft (SM abgekürzt) nachgezeichnet werden, damit der Leser ermessen kann, was daran verloren gegangen ist und ob es rückholbar ist.

Mit diesem zwölften und wahrscheinlich letzten Buch greife ich das Thema wieder auf, das sich wie eine Perlenschnur durch meine mehr als zehnjährige Arbeit mit der Webseite „Infoportal" zieht. Kann man die SM wirklich zurückholen, nachdem sie weitgehend schon untergegangen ist? Man kann es. Davon bin ich fest überzeugt, nicht total aber in ihren wichtigsten Bereichen. Wie in der Mode gibt es auch im volkswirtschaftlichen und sozialen Verständnis der Menschen Entwicklungen, die hin- und herlaufen und die sich auch an den Wahlurnen in Schwüngen zeigen.

Heute ist die politische Mobilität stark eingeschränkt, weil sich in der Wirtschaft und davon abgeleitet der Politik extreme Machtpositionen gebildet haben, die es in dieser Globalität früher nie gegeben hat, und weil in den meisten demokratisch regierten Ländern diese Mächte auch über die Medien regieren. Entgegen allen Erwartungen hat sich das Internet bisher jedenfalls nicht als das große Gegengewicht zur Meinungsmache der Mächtigen herausgebildet, sondern wird seinerseits von den gleichen Kräften, die dorthin mit ihren Online-

Produkten ausweichen, zunehmend beherrscht. Mit erheblichen Werbeeinnahmen im Rücken lassen sich diese Produkte attraktiv und immer aktuell gestalten. Ganz überwiegend reden sie nun den Menschen ein, wir hätten noch die perfekte SM. Eine stark alternde Bevölkerung neigt zudem nicht gerade zur Aufmüpfigkeit oder gar Revolutionen.

Und doch darf man die Lernfähigkeit unserer Gesellschaften und des kapitalistischen Systems insgesamt gerade in Krisenzeiten nicht unterschätzen. Gesellschaften lernen nun mal aus ihren Krisen. Sie lernten auch aus ihren eigenen Kriegen, in Europa vor allem aus dem schrecklichen letzten. In Frankreich mit der Resistance und in Deutschland mit der CDU im Ahlener Programm von 1947 haben beispielsweise selbst national-konservative Kräfte seinerzeit begriffen, daß eine einseitige Machtballung in der Wirtschaft gefährlich wird. In den Worten des Ahlener Programms: "Das kapitalistische Wirtschaftssystem ist den staatlichen und sozialen Lebensinteressen des deutschen Volkes nicht gerecht geworden". In den USA war nach der Weltwirtschaftskrise der 30er Jahre der Finanzsektor beschnitten worden und kam mit dem "New Deal" ein soziales Programm auf die Tagesordnung. Das sonst eher konservativ gestrickte Großbritannien führte das NHS (National Health System) ein, vor dem bis heute Alle, nämlich Patienten und Ärzte, gleich sind, wozu sich Deutschland selbst zu Zeiten der SM nicht durchringen konnte.

Manchmal hilft auch die Natur nach. Die demographische Entwicklung wird Deutschland beispielsweise zwingen, weit mehr Chancengleichheit bei den jüngeren Generationen und ein weit besseres Schulsystem aufzubauen sowie vor allem das Los der Frauen als Mütter erheblich zu verbessern. Die natürlichen Grenzen für die Umweltverschmutzung zwingen schon jetzt zu wenn auch noch viel zu zaghaften Schritten zur Abwendung einer drohenden Katastrophe. Dabei sind besonders ungleiche Gesellschaften, wie die der USA, weniger geeignet, Umweltbelastungen zu reduzieren, weil sie meist neoliberal strukturiert sind. So wird mit zunehmender Umweltkrise in vielen Ländern der Druck auf gesellschaftspolitische Veränderungen langfristig zunehmen. Auch die Globalisierung scheint an Grenzen zu stoßen, wie der starke Widerstand gegen das TTIP mit den USA zeigt oder auch der Widerstand gegen die zunehmende Konzentration von Entscheidungen in der Brüsseler Bürokratie.

Die SM zurückzuholen, sollte umso näher liegen, als es in der gesamten deutschen Geschichte die bisher sozial und ökonomisch erfolgreichste Periode unseres Landes war, während das derzeitige System sich als extrem ungerecht und krisenanfällig erwiesen hat und zunehmend sogar konservative Gemüter beunruhigt.

Das schon vor dem Zweiten Weltkrieg ausgearbeitete Konzept der SM war lange Zeit sehr schillernd. Es ist oft propagandistisch mißbraucht worden und hat unter seinen Vätern auch neoliberale und ordoliberale Kräfte. Auch heute wird es noch teilweise von Kräften in Anspruch genommen, die führend den Abbau von Sozialleistungen betrieben haben und betreiben, wie vor allem die „Initiative Neue Soziale Marktwirtschaft" (INSM).

In meinem Verständnis als intensiver Beobachter dieser Entwicklung und zeitweiser Insider hat sich der Untergang der SM parallel zur verschärften neoliberalen Globalisierung und dem Ende des mit dem Kapitalismus bis dahin konkurrierenden kommunistischen Modells um die Jahrhundertwende erheblich beschleunigt. Ein Untergang ist meistens ein plötzliches Ereignis. Hier aber wurden systematisch über lange Zeiträume immer mehr Scheibchen vom Sozialen in der Marktwirtschaft abgeschnitten, bis nun nicht mehr viel davon übrig ist. An verschiedenen Stellen gleichzeitig wurde die SM zum

Steinbruch, so daß sich Deutschland kaum noch von den Führungsmächten der neoliberalen Entwicklung USA und Großbritannien unterscheidet, ja in einiger Hinsicht bereits schlimmer dran ist. Jedenfalls hat Deutschland seinen einstigen sozialen Vorsprung vor den meisten Vergleichsländern verloren und gegenüber anderen, vor allem den skandinavischen, erhebliche Rückstände aufgebaut. Das einstige Markenzeichen Deutschlands ist so zu einer Lebenslüge der Politik verkommen.

Ein plötzlicher Untergang der SM wäre politisch nicht durchsetzbar gewesen. Der ersatzweise salamihafte Vorgang war dagegen weniger übersichtlich und nicht so leicht angreifbar. Zudem hat die Beteiligung fast aller Parteien und jedenfalls aller größeren diesen Untergang der politischen Diskussion weitgehend entzogen. Außerdem hat die politische Klasse ihre Verantwortung immer wieder hinter angeblichen Sachzwängen aus der Globalisierung und hinter globalen Instanzen, wie der Europäischen Union, versteckt. Gerade deutsche Politiker pflegten sich bei den harten sozialen Einschnitten nicht selten hinter der Globalisierung, gegenüber der sie angeblich ohnmächtig waren, zu verstecken. Beispielsweise hat Erhard Eppler als Vordenker der SPD davon gesprochen, daß sich die Gestaltungsmöglichkeiten für Politik durch die Globalisierung der Märkte dramatisch verringert hätten und Politiker gar nicht mehr das leisten könnten, was die Bürger von ihnen erwarten. Oder Gerhard Schröder: „Man darf ja nicht darüber hinwegsehen, daß die Globalisierung uns zu bestimmten Maßnahmen zwingt." Oder Horst Köhler: „Die Welt ist in einem tief greifenden Umbruch. Wer hier den Zug verpaßt, bleibt auf dem Bahnsteig stehen." Auch der Brüsseler Industriekommissar Günter Verheugen (SPD) argumentierte ähnlich: „Wir müssen unsere Volkswirtschaften bewußt dem Wettbewerb aussetzen. Die Verlagerung von Arbeitsplätzen in billiger produzierende Länder ist nicht mehr aufzuhalten."

Doch die Globalisierung in ihrer neoliberalen Form ist Menschenwerk und in nicht unerheblichem Ausmaß das Ergebnis gerade deutscher Politik. Die Bundesregierung hat entscheidend in den EU-Gremien und in der Welthandelsorganisation auf ein immer größeres Aufreißen der Märkte zugunsten von Ländern mit Niedrigstlöhnen und ohne gewerkschaftlichen Schutz der Arbeitnehmer gedrängt und dabei bewußt an den Problemen für die europäische und deutsche Soziallandschaft vorbeigesehen, obwohl die gar nicht zu übersehen waren. Sie tat das nicht zuletzt, weil sie den hechelnden Druck der Exportkonzerne, zum Beispiel nach dem für grenzenlos gehaltenen chinesischen Markt, im Rücken spürte. Es war allein die Bundesregierung, die ziemlich einsam in der Eurozone einen gigantischen Niedriglohnsektor wuchern ließ. Sie war es, die die vergifteten synthetischen Wertpapiere in Deutschland zuließ und gleichzeitig die Bankenaufsicht zurückschraubte. Zu keinem dieser Schritte und vielen anderen war sie gezwungen worden.

Meine zehnjährige berufliche Erfahrung in der Londoner City, zuletzt als Vizepräsident der Europäischen Bank für Wiederaufbau und Entwicklung, führte mich vor die globalen Zusammenhänge, die im globalen Maßstab zu immer mehr Ungleichheit in der Einkommens- und Vermögensverteilung beitrugen. Ich kam in unmittelbaren Kontakt mit dem sogenannten „Washington Consensus", der Bibel einer neoliberalen Globalisierung. Unter diesem Begriff wird seit 1989 ein Bündel wirtschaftspolitischer Reformmaßnahmen bezeichnet, die Regierungen zur Förderung von wirtschaftlicher Stabilität und Wachstum durchführen sollten. Das Konzept wurde von den westlichen Regierungen als Hauptgesellschafter des Internationalen Währungsfonds und der Weltbank in Washington als Bedingung für Fördergelder beschlossen und so den Empfängerländern auferlegt. Es kam aus der Ecke der „Neuen Rechten", wie Reaganomics und Thatcherismus. Einzelmaßnahmen umfaßten vor allem: Nachfragedrosselung und Kürzung der Staatsausgaben, Verbesserung der Effizienz der Ressourcennutzung in der gesamten Wirtschaft durch Rationalisierung und Kostenökonomie, Liberalisierung der Handelspolitik, Deregulierung von Märkten und Preisen einschließlich der Abschaffung von Preissubventionen für Grundbedarfsartikel, Privatisierung öffentlicher Unternehmen und Einrichtungen, Entbürokratisierung und Abbau von Subventionen.

Mit der Zeit und bei Betrachtung der deutschen Entwicklung wurde mir immer klarer, daß die Prinzipien des Washington Consensus zunehmend auch in Deutschland und anderen fortgeschrittenen Industrieländern in Stellung gebracht wurden und bei uns die SM bedrohten. Im September 1982 legte dann Bundeswirtschaftsminister Graf Lambsdorff sein „Konzept für eine Politik zur Überwindung der Wachstumsschwäche und zur Bekämpfung der Arbeitslosigkeit" vor, mit dem die sozial-liberale Koalition aufgelöst wurde und die schwarze Wende zu Helmut Kohl kam. Sein eigentlicher Autor im Ministerium war der Leiter der Grundsatzabteilung Tietmeyer, der unter Kohl Staatssekretär und später Chef der Bundesbank wurde und bis 2012 Vorsitzender des Kuratoriums der neoliberalen „Initiative Neue Soziale Marktwirtschaft" war. Lambsdorff forderte in seinem Papier Vieles, was dem späteren Washington Konsensus entsprach. Die Zeit von Reaganomics und Thatcherism hatte auch in Deutschland begonnen.

Mein Insiderwissen drängt nun seit einigen Jahren nach draußen. In den Worten von Antonio Gramsci (1919): „Die Wahrheit zu sagen, ist ein revolutionärer Akt".

Bangor, im Juli 2015

1. Etwas Historie und ein Vergleich

Vom Ahlener Programm zu den Hartz Gesetzen

Mit SM verbinden wahrscheinlich die meisten Deutschen ein Wirtschaftssystem mit sozialem Anstrich, ohne es genauer definieren zu können. Sie bekommen fast täglich von Regierung und fast allen Parteien und erst recht von den Medien gesagt, Deutschland wäre eine solche SM. Und so glauben sie es denn. Viele der älteren Menschen werden die SM noch mit Ludwig Ehrhard verbinden, dem ersten Bundeswirtschaftsminister im Nachkriegsdeutschland West.

Der ursprüngliche Kopf in der Entwicklung der SM war Alfred Müller-Armack. Der führte in seinem 1947 erschienenen Buch „Wirtschaftslenkung und Marktwirtschaft" den Begriff der „Sozialen Marktwirtschaft" ein. Damit sollten die Prinzipien der Freiheit auf dem Markte einerseits und des sozialen Ausgleichs andererseits verbunden werden. Für die Wirtschaftsordnung des vom Krieg zerstörten Deutschlands sollte der Markt als „tragendes Gerüst" in „eine bewußt gesteuerte, und zwar sozial gesteuerte Marktwirtschaft" eingebettet sein.

Ludwig Erhard übernahm als Bundeswirtschaftsminister das Konzept und beschäftigte sich mit dessen praktischer Umsetzung. Er galt fortan als „Vater der Sozialen Marktwirtschaft". Ihm schwebte als Endzustand eine Art Volkskapitalismus vor, der aber nie zustande kam. Er wird dazu mit den Worten zitiert:

„Wenn schon mit der Entfaltung der modernen Technik eine Konzentration der Produktionsmittel unvermeidlich ist, dann muß diesem Prozeß ein bewußter und aktiver Wille zu einem breitgestreuten, aber echten Miteigentum an jenem volkswirtschaftlichen Produktivkapital entgegengesetzt werden."

Der eigentliche Ursprung der SM in der damaligen Bundesrepublik Deutschland war also die Erfahrung des Unglücks mit Millionen von Toten, die das „Dritte Reich" über Deutschland (und viele Völker der Welt) gebracht hatte. Diese Opfer waren sehr ungleich verteilt. Das Schicksal hatte ein enormes Maß an menschlichen Ungerechtigkeiten eingerichtet. Auch der sogenannte staatliche Lastenausgleich konnte nur sehr wenig davon kompensieren. Außerdem brauchte man zum Wiederaufbau den Lohnverzicht der Arbeitnehmer, damit das Investitionskapital angesammelt werden konnte, das neben dem Marshall-Plan notwendig war.

So hat auch die CDU im Ahlener Programm vom Februar 1947 unter Hinweis auf den Zusammenbruch Deutschlands eine grundlegende soziale und wirtschaftliche Neuordnung angestrebt. In der Erklärung heißt es dementsprechend:

„Das kapitalistische Wirtschaftssystem ist den staatlichen und sozialen Lebensinteressen des deutschen Volkes nicht gerecht geworden. Nach dem furchtbaren politischen, wirtschaftlichen und sozialen Zusammenbruch als Folge einer verbrecherischen Machtpolitik kann nur eine Neuordnung von Grund aus erfolgen. Inhalt und Ziel dieser sozialen und wirtschaftlichen Neuordnung kann nicht mehr das kapitalistische Gewinn- und Machtstreben, sondern nur das Wohlergehen unseres Volkes sein. Durch eine gemeinwirtschaftliche Ordnung soll das deutsche Volk eine Wirtschafts- und Sozialverfassung erhalten, die dem Recht und der Würde des Menschen entspricht, dem geistigen und materiellen Aufbau unseres Volkes dient und den inneren und äußeren Frieden sichert."

Wenige werden sich noch an das Ahlener Programm der CDU erinnern. Man kann es heute mit Blick auf die derzeitige

CDU, aber auch die meisten anderen Parteien, nur mit Erstaunen lesen. Später etablierte sich die SM als generell akzeptierte Bezeichnung für die Wirtschaftsordnung der Bundesrepublik Deutschland sowie der Republik Österreich. Die SPD, die zunächst den Begriff vermied und den Konkurrenzbegriff des „demokratischen Sozialismus" propagiert hatte, übernahm dann mit dem Godesberger Programm von 1959 zunehmend Elemente der SM. Später war ausgerechnet sie in der rot-grünen Koalition mit den Hartz Gesetzen und anderen Maßnahmen führend beim Abbau des sozialen Elements der SM.

Zu Zeiten meines Amtsantritts in Bonn hatte das Bundeswirtschaftsministerium mit Prof. Karl Schiller einen Minister, der Ehrhard in seinem Glauben an die SM nicht nachstand. Als erster sozialdemokratischer Wirtschafts- und Finanzminister unter dem Bundeskanzler Willy Brandt fürchtete er, daß überzogene Forderungen aus seiner Partei der SM schaden könnten. Sein Spruch: „Genossen, laßt die Tassen im Schrank!" ist berühmt geworden. So beschwor er im November 1971 die Delegierten eines Sonderparteitags in Bonn. Die wollten die Körperschaftsteuer von 51 % auf 58 % erhöhen. 56 %, fand Schiller, sei das Äußerste, was die Wirtschaft verkraften könne. Der Parteitag folgte ihm nur widerwillig.

Wenn man ein Gefühl für den Untergang der SM gewinnen will, muß man sich bei der Körperschaftssteuer an die SPD späterer Jahre erinnern: Unter der Regierung Gerhard Schröders, der zu Schillers Zeiten noch Juso-Vorsitzender gewesen war, wurde diese Steuer im Jahre 2001 auf nur noch 38,3 % gesenkt und dann 2009 noch einmal unter dem SPD-Finanzminister Steinbrück auf nur noch 29,8 %.

1. Etwas Historie und ein Vergleich

Der Untergang der SM war ein Prozeß über Jahrzehnte. Er war nicht das Ergebnis eines unglücklichen Zufalls, so wie etwa ein Schiff auf ein unsichtbares Riff aufläuft oder in einem schweren Sturm sinkt. Die SM wurde systematisch in vielen Schritten versenkt. Auf Druck der bestverdienenden Kreise und vieler von der FDP als ewiger Regierungspartei ausdrücklich angesprochener „Besserverdiener" wurde so Raum für Steuersenkungen im oberen Einkommens- und Vermögensbereich geschaffen und jedenfalls ein Puffer gegen von diesem Personenkreis befürchtete Steuererhöhungen eingerichtet, die wegen der Kosten einer unverändert beibehaltenen SM befürchtet wurden.

Niemand kann genau sagen, wann der Abstieg aus der SM begonnen hat. Wahrscheinlich war es um die Mitte der 70er Jahre. 1973 erreichte der Anteil der Löhne am jährlichen Volkseinkommen seinen oberen Wendepunkt und trat dann seinen ständigen Abstieg bis zum vorläufigen Tiefstpunkt um 2007 an. Von dem erholte er sich zwar etwas, aber nur, weil nun mit der Weltkreditkrise auch die Einkommen aus Unternehmertätigkeit und Vermögen ziemlich stark einbrachen[01-1].

Besonders wichtige negative Wendepunkte waren das Lambsdorff-Papier vom September 1982 und die Hartz Gesetze, die zwischen 2003 und 2005 unter Gerhard Schröder durchgesetzt wurden und auf die wir ausführlich zurückkommen werden. Das Lambsdorff-Papier von 1982 hatte es in sich. Es war im Ministerium von nahen Mitarbeitern Graf Lambsdorffs, besonders dem Abteilungsleiter der Grundsatzabteilung und CDU-Mitglied Hans Tietmeyer, gründlich vorbereitet worden und sollte mit seinen marktliberalen Thesen beweisen, daß die FDP nicht länger mit der SPD regieren konnte und nun der CDU/CSU in ihren Vorstellungen näher stand. So wurde es zum „Scheidungspapier" der sozialliberalen Koalition. Gleichzeitig war es ein öffentlicher Fußtritt gegen die SM.

Parallel dazu hatte sich die Mitgliederschaft der FDP durch bewußte Rekrutierung neuer Mitglieder aus dem Mittelstand (die berühmten Bäckermeister und andere) erheblich verändert.

Das Papier nahm alle die Glaubenselemente der neuen, rechten Denke aus Reaganomics und Thatcherism auf, die später auch Gegenstand des Washington Consensus für eine neue Wirtschafts- und Sozialordnung der Welt werden sollten. Der Titel „Konzept für eine Politik zur Überwindung der Wachstumsschwäche und zur Bekämpfung der Arbeitslosigkeit" war bewußt unauffällig und sachlich gewählt worden. Dabei versteckte sich das Papier hinter der Stimmungslage in der deutschen Unternehmerschaft: „Eine die Wirtschaft nicht überzeugende Konsolidierungspolitik kann aber keine neuen Unternehmensinitiativen wecken."

Die vier Kernforderungen des Papiers waren:

1. Durchsetzung einer überzeugenden marktwirtschaftlichen Politik mit einer klaren Absage an Bürokratisierung.
2. Konsolidierungskonzept für die öffentlichen Haushalte, das eine Erhöhung der Gesamtabgabenbelastung ausschließt und das durch seine verläßliche Festlegung finanzielle Unsicherheiten abbaut und die Voraussetzungen für weitere Zinssenkungen schafft.
3. Umstrukturierung der öffentlichen Ausgaben und Einnahmen von konsumtiver zu investiver Verwendung, ... um die wirtschaftliche Leistung wieder stärker zu belohnen.
4. Anpassung der sozialen Sicherungssysteme an die veränderten Wachstumsmöglichkeiten und eine längerfristige Sicherung ihrer Finanzierung (ohne Erhöhung der Gesamtabgabenbelastung), um das Vertrauen in die dauerhafte Funktionsfähigkeit der sozialen Sicherung wieder herzustellen und

zugleich der Eigeninitiative und der Selbstvorsorge wieder größeren Raum zu geben.

Gleichzeitig ging es Lambsdorff um eine Auseinandersetzung und Zügelung der Lohnpolitik der Gewerkschaften: „Ihr Erfolg (gemeint ist die von ihm vorgeschlagene Politik) wird allerdings nicht zuletzt davon abhängen, ob die Lohnpolitik auch bei einer solchen Orientierung der staatlichen Politik die notwendige Verbesserung der Ertragsperspektiven sowie die relative Verbilligung des Faktors Arbeit zuläßt. Sicherlich wird es bei einer solchen Politik zu Auseinandersetzungen mit den Gewerkschaften kommen. Die Gewerkschaften selbst müssen jedoch vorrangig an einer Lösung der Beschäftigungsprobleme interessiert sein. Es wird deswegen sehr darauf ankommen, daß Bundesregierung und Bundesbank übereinstimmend die beschäftigungspolitische Mitverantwortung der Tarifparteien deutlich machen." Das klingt schon wie das heutige ebenso verlogene „Sozial ist, was Arbeit schafft".

Im Sozialbereich zeigt das Lambsdorff-Papier die gleiche Härte, mit der zwanzig Jahre später die Hartz Gesetze erlassen wurden. Es ist ein Katalog sozialer Grausamkeiten, als hätte es in Deutschland nie eine SM gegeben. Die Vorschläge umfaßten: Verringerung des Leistungssatzes für Arbeitslosengeld am Anfang der Bezugsdauer (z.B. erste drei Monate nur 50 % des letzten Nettoeinkommens) oder generelle Senkung des Arbeitslosengeldes für Alleinstehende oder (bzw. und) Einführung von Karenztagen bei der Zahlung von Arbeitslosengeld, Begrenzung des Arbeitslosengeldbezuges auf maximal 1 Jahr, auch bei Krankheit; dauerhafte Konsolidierung der sozialen Sicherungssysteme ohne Anhebung von Beiträgen; stärkere Berücksichtigung der Prinzipien der Selbstvorsorge und Eigenbeteiligung; Erleichterung der Flexibilisierung der Arbeitszeit; Streichung, mindestens aber mehrjährige Aussetzung des Mutterschaftsurlaubsgelds; Streichung des Schüler-BAföG und Umstellung des BAföG für Studenten auf Darlehen; Anhebung der Beteiligung der Rentner an den Kosten ihrer Krankenversicherung; Berücksichtigung des steigenden Rentenanteils in der Rentenformel; Anhebung der Altersgrenze; Ausbau der Selbstbeteiligung im Krankenversicherungsbereich; bei der Sozialhilfe: mehrjährige Minderanpassung bzw. zeitweiliges Einfrieren der Regelsätze, Überprüfung des für die Bemessung der Regelsätze relevanten Warenkorbs und strengere Regelung für die Zumutbarkeit einer dem Hilfesuchenden möglichen Arbeit.

In der Steuerpolitik wurden einerseits eine Drosselung der Steuereinnahmen und andererseits Steuersenkungen vor allem für Unternehmen und auf Vermögen gefordert: Vermeidung eines Anstiegs der gesamtwirtschaftlichen Steuerlastquote; leistungs- und investitionsfreundlichere Gestaltung des Steuersystems durch Beseitigung der Belastung durch ertragsunabhängige Steuern (Gewerbesteuer und Vermögensteuer); Entlastung des gewerblich genutzten Vermögens von der Vermögensteuer; steuerliche Anreize für Investitionen und Anlage in Risikokapital; schrittweise Abschaffung der Gewerbesteuer; Kompensation der Steuermindereinnahmen durch Anhebung insbesondere der Mehrwertsteuer.

Im Bereich der Wohnungswirtschaft fehlte nicht die Forderung nach weitergehender Liberalisierung des Mietrechts und Auflockerung des Kündigungsschutzes. Und natürlich hat man nicht die neoliberalen Vorstellungen für die Globalisierung vergessen, um den Außendruck auf die deutschen Löhne zu erhöhen: Verteidigung und Stärkung des offenen, multilateralen Welthandelssystems, aktives Vorgehen gegen protektionistische Bestrebungen.

1. Etwas Historie und ein Vergleich

Die letzten Worte dieses Papiers muß man sich auf der Zunge zergehen lassen. Sie verraten in unschlagbarer Deutlichkeit die Verlogenheit des Autors, der sogar eine Krise des politischen Systems heraufbeschwört: „Wir stehen vor einer wichtigen Wegkreuzung. Wer eine solche Politik als soziale Demontage oder gar als unsozial diffamiert, verkennt, daß sie in Wirklichkeit der Gesundung und Erneuerung des wirtschaftlichen Fundaments für unser Sozialsystem dient. Die Konsequenz eines Festklammerns an heute nicht mehr finanzierbare Leistungen des Staates bedeutet nur die weitere Verschärfung der Wachstums- und Beschäftigungsprobleme sowie eine Eskalation in den Umverteilungsstaat, der Leistung und Eigenvorsorge zunehmend bestraft und das Anspruchsdenken weiter fordert - und an dessen Ende die Krise des politischen Systems steht."

Verlogen war das Papier auch, indem es sich hauptsächlich auf den Rückgang der Investitionen und der dadurch bedingten Zunahme von Arbeitslosigkeit stützte und von der Verkürzung der Sozialleistungen, von Lohndisziplin und Vergünstigungen für die Unternehmens- und Vermögenseinkommen mehr Investitionen versprach. Denn auch unter der dann startenden schwarz-gelben Koalition und danach ging die Investitionsquote immer weiter zurück, insgesamt seit 1970 bis 2012 von 27 % auf nur noch knapp 18 % der jährlichen Wirtschaftsleistung[01-2]. Die Unternehmen sahen einfach keinen Markt in Deutschland und bei stagnierenden Löhnen und abgesenkten Sozialleistungen schon gar nicht. Ihre gestiegenen Profite wanderten daher auf die Finanzmärkte und in Auslandsinvestitionen, die im Rahmen der Globalisierung erheblich und zugleich steuersparend erleichtert wurden. Das ist leider die Wahrheit.

Trotzdem wurden die meisten Rezepturen aus dem Lambsdorff-Papier zum Schaden der sozial Benachteiligten und zum Nutzen der Unternehmen und Vermögenden in steigender Dosis von allen nachfolgenden Regierungen gleich welcher Couleur bis heute immer wieder eingesetzt und wurde die SM so in den Untergang getrieben. Viele der Stufen in diesem Prozeß werden nun in den folgenden Kapiteln dargestellt.

Pikanterweise wurde die SM, als sie im Mai 1990 schon kräftig gefleddert war, noch im Vertrag über die Schaffung einer Währungs-, Wirtschafts- und Sozialunion zwischen der Bundesrepublik und der ehemaligen DDR rechtlich als gemeinsame Wirtschaftsordnung verankert. Bis dahin hatte es, außer allgemeinen Aussagen im Grundgesetz wie „Eigentum verpflichtet", keine rechtliche Grundlage gegeben. Allerdings wurde - wohl absichtlich - auf eine eindeutige Definition verzichtet.

Ein kurzer Blick auf die 70er Jahre im Vergleich zur Zeit seit 2000

Die 70er Jahre waren wahrscheinlich die letzten Jahre, als Deutschland noch eine Soziale Marktwirtschaft hatte, die den Namen voll verdiente. Heute kann ich den Rückblick auf diese Zeit nur im Zorn vornehmen. Es ist ein Rückblick im Zorn, weil dieser einigermaßen erfolgreiche und in der ganzen westlichen Welt bewunderte "dritte Weg" Deutschlands sinnlos und pervers einem immer neoliberaleren Kapitalismus geopfert wurde, um einen kleinen Teil der Deutschen zu bereichern.

Die jährliche reale Wachstumsrate lag in den 70er Jahren bei 3,1 % und damit fast zweieinhalbmal höher als die 1,2 % seit 2000[01-3]. Dabei ist noch zu berücksichtigen, daß in die Jahre 1973 und 1974 der schwere Ölpreisschock fiel, der von außerhalb der Industrieländer kam und mit dem sie dennoch fertig werden mußten.

Die deutsche Industrie investierte noch anständig mit einer durchschnittlichen realen Zuwachsrate von 1,7 % und ging nur ausnahmsweise ins Ausland. Im Zeitraum seit 2000 ist dagegen nur noch ein Minianstieg von durchschnittlich 0,7 % zu verzeichnen und das trotz Rekordprofiten. Investitionen in Niedrigstlohnländer sind nun wesentlich attraktiver geworden.

Das Arbeitnehmerentgelt stieg jahresdurchschnittlich nominal um 3,3 Prozentpunkte stärker als die Unternehmens- und Vermögenseinkommen. Seit dem Jahr 2000 sind es dagegen jahresdurchschnittlich 1,9 Prozentpunkte weniger. Da konnten die Arbeitnehmer in den 70er Jahren Rückstand gutmachen, während sie in diesem Jahrtausend immer weiter zurückfallen[01-4].

Der Konsum privater Haushalte entwickelte sich in den 70er Jahren mit einer realen Durchschnittsrate von 3,6 % tüchtig nach oben, angetrieben von der Entwicklung der Arbeitseinkommen, und stützte so die gesamtwirtschaftliche Entwicklung, während in dieser Hinsicht die Jahre seit 2000 Jahre von Fast-Stagnation mit nur 0,8 % plus waren. Das machte Deutschland immer abhängiger vom Außenbeitrag (Export minus Import), der sich als Anteil an der Gesamtwirtschaftsleistung mehr als verdoppelte.

Kaum zu glauben: Die durchschnittliche Arbeitslosenrate lag bei nur 2,5 %. Trotz aller Verschönerungen der Statik sprang sie für den Zeitraum 2000 bis 2013 auf durchschnittlich 8,9 % hoch oder fast den vierfachen Wert der 70er Jahre, auch wenn sie in jüngster Zeit wieder etwas zurückgegangen ist. Wuchernde Niedriglohn- und Leiharbeitssektoren gab es in den 70er Jahren noch nicht; Kettenarbeitsverträge waren schlicht verboten. Verglichen mit den vorsichtigen Berechnungsmethoden der 70er Jahre wäre die Arbeitslosenquote heute wahrscheinlich gut um die Hälfte höher. Auch Begriffe wie Rentenkrise und Altersarmut trieben die Menschen in den 70ern noch nicht um.

Und um auch das noch hinzuzufügen: Die Geburtenrate pro 1.000 Einwohner fiel im Vergleich dieser Perioden um fast ein Viertel, worauf noch ausführlicher einzugehen ist.

In die Zukunft geblickt, gibt es wenig Anzeichen, die auf die Umkehrung des Trends weg von der im Großen und Ganzen deutlich besseren Situation der 70er Jahre hindeuten könnten. Die Millionärseinkommen haben den kleinen Einbruch von 2008 wieder wettgemacht. Die Aktienmärkte haben die Krise überwunden und beglücken die Aktionäre mit einem Vielfachen der 70er Jahre. Die Sozialleistungen hinken dieser Entwicklung schrecklich hinterher. Der Niedriglohnsektor wuchert, wobei der Mindestlohn zu niedrig angesetzt ist und erst zum Beginn des Jahres 2018 der Preisentwicklung erstmals angepaßt werden darf[01-5]. Verluste werden weiter sozialisiert.

Diese Bewegung zunehmender sozialer Ungleichheit findet auch im globalen Maßstab statt und hat die Industrieländerorganisation OECD veranlaßt, eine dringende Warnung auszusprechen: „Zunehmende Ungleichheit schwächt die Wirtschaftskraft eines Landes, sie gefährdet den sozialen Zusammenhalt und schafft politische Instabilität – aber sie ist nicht unausweichlich. Wir brauchen eine umfassende Strategie für sozialverträgliches Wachstum, um diesem Trend Einhalt zu gebieten."

Nicht alles war besser

Natürlich gibt es nicht wenige Lebensumstände, die heute besser als in den 70er Jahren sind, wie der Wegfall eines großen Teils gleichförmiger und schwerer Arbeit durch mehr Einsatz von Automaten, die schon erwähnte längere Lebenserwartung (wenn auch nur wenig mehr als ein Drittel ab 65 gesunde Jahre sind), Fortschritte in der Medizin und einiges mehr. Doch diese im Vergleich zu damals eingetretenen Verbesserungen sind nicht auf den Abbau der SM zurückzuführen sondern das Ergebnis davon unabhängiger technischer und wissenschaftlicher Entwicklungen.

2. Die Arbeit wurde immer belastender

Es könnte alles so schön sein. Seit den 70er Jahren ist, wie schon erwähnt, ein großer Teil der schweren körperlichen Arbeit durch Maschinen ersetzt worden. Dank vor allem des Einsatzes von viel mehr Automaten wird in der deutschen Wirtschaft pro Arbeitsstunde heute etwa zweimal so viel wie 1970 produziert[02-1]. In der deutschen Industrie ist es sogar allein ab 1991 drei Viertel mehr. Die Lebenserwartung bei Geburt hat bei Männern um über 10 Jahre, bei Frauen um über 9 Jahre zugenommen. Europa und vor allem Deutschland drohen nicht mehr, Mittelpunkt eines atomaren Feuers zu werden. Doch was hat Deutschland oder besser seine wirtschaftliche und politische Führung daraus gemacht?

Seit den 70er Jahren ist Arbeit für die Mehrheit der Arbeitnehmer deutlich streßvoller geworden. Die Produktivität wurde nämlich nicht nur durch mehr Automateneinsatz gesteigert, sondern auch durch mehr Druck auf die Arbeitnehmer. Gleichzeitig ist Arbeit unsicherer geworden. Die Leiharbeit auf Zeit wurde massiv hochgefahren. Arbeitsverhältnisse auf Probe haben sich enorm ausgebreitet. Das Konjunkturrisiko wurde so immer mehr auf die Arbeitnehmer verlagert. Die Arbeitslosenhilfe und andere Sozialleistungen wurden abgemagert, dabei die Eingangsrenten in der Sozialversicherung durch die Rentenformel deutlich gekürzt und alle Renten durch die Inflation lange real verkürzt. Der Fortschritt in der neoliberalen

2. Die Arbeit wurde immer belastender

Globalisierung erlaubt die glaubwürdige Drohung mit Produktionsverlagerung in Niedriglohnländer. Alle diese Entwicklungen haben die Rolle der Gewerkschaften geschwächt. Außerdem sind immer mehr Unternehmen aus der Tarifbindung ausgeschieden. Wir müssen dies im Detail aufgreifen, damit das ganze Ausmaß der Veränderung verständlich wird.

Kein Wunder am Arbeitsmarkt

Praktisch bestand das angebliche Arbeitsplatzwunder, auf das die Bundesregierung so grenzenlos stolz zu sein scheint, weitestgehend aus einem Ersatz von Vollzeitbeschäftigten, deren Zahl zwischen 2000 und 2013 um fast eine Million sank, durch geringfügig Beschäftigte, Teilzeitbeschäftigte und Solo-Erwerbstätige (die neuen Selbstständigen einschließlich der 1-Mann-AGs)[02-2]. Die Zahl in sogenannten atypischen oder prekären Arbeitsverhältnissen Beschäftigten ist über die letzten 20 Jahre enorm gestiegen: von 4,4 Millionen in 1993 auf 7,6 Millionen in 2013[02-3]. Dazu gehören befristete Arbeitsverhältnisse, Zeitarbeit mit weniger als 20 Stunden pro Woche und geringfügig entlohnte Beschäftigung[02-4]. Solche Arbeitsverhältnisse haben in Deutschland mehr zugenommen als in den meisten anderen Ländern.

Immer mehr Arbeitsleistung wurde zu entsprechend niedrigerer Entlohnung in Teilzeitarbeit gepreßt. Zwischen 1976 und 2013 stieg ihr Anteil an der Beschäftigung auf das Dreifache[02-5]. 1,8 Millionen in Teilzeitbeschäftigte suchen nach längerer und besser bezahlter Arbeit, finden sie aber nicht. In der Alt-EU hat Deutschland neben Österreich den höchsten Anteil an Teilzeitbeschäftigung, wenn man von der Sondersituation in den Niederlanden absieht[02-6].

2. Die Arbeit wurde immer belastender

Die Zahl der Arbeitsstunden aller in den verschiedenen Formen Beschäftigten ist dagegen fast exakt die gleiche wie im Jahr 2000 und 3 % weniger als noch 1991[02-7]. Die Zahl der Arbeitsstunden pro Beschäftigten ist durch immer mehr prekäre Arbeitsverhältnisse über die 20 Jahre um 11 % gefallen und stagniert nun auf diesem abgesenkten Niveau[02-8]. Während seit dem Jahr 2000 das Arbeitsvolumen zurückgegangen ist, sank die amtlich ausgewiesene Zahl der Arbeitslosen um ganze 25 %. Praktisch heißt das, der Rückgang der Arbeitslosigkeit ist nicht so sehr das Ergebnis von mehr Arbeit als der Umverteilung von Normalarbeitsverhältnissen auf atypische oder prekäre. So ist auch die Zahl der Erwerbstätigen, wenn man sie in Vollzeitäquivalenten mißt, bis 2014 nur um magerste 1,4 % über das Niveau des Jahres 2000 gestiegen[02-9]. Der Anteil der wirklichen Normalarbeitnehmer/innen sank von 77 % auf nur noch 67,5 % und ist über die letzten Jahre wieder leicht gestiegen, aber längst nicht so, wie es bei der Wirtschaftsentwicklung zu erwarten gewesen wäre[02-10].

Trotz des demografischen Rückgangs der Bevölkerung (siehe Kapitel 9) und vieler statistischer Tricks, auf die noch einzugehen ist, gab es im vergangenen Jahr immer noch 2,9 Mio. amtlich ausgewiesene Arbeitslose, und tatsächlich sind es einige Millionen mehr. Davon sind weit mehr als eine Million Menschen, die schon über ein Jahr arbeitslos sind. Das ist fast die Hälfte aller Arbeitslosen und damit unter den hochentwickelten Industrieländern einer der höchsten Anteile dieser besonders schlimmen Form von Arbeitslosigkeit.

Unter diesen Umständen kann es nicht überraschen, daß gerade in Deutschland ein Niedriglohnsektor grassiert und auch zwischen Arbeitnehmern je nach Leistungsgruppen eine starke Differenzierung stattfindet. Der Abbau der Arbeitslosenversicherung durch die Hartz Gesetze hat den Druck auf die

Arbeitnehmer, jede Arbeit zu akzeptieren, noch zusätzlich hochgetrieben.

Auch die Arbeitsmarktpolitik hat also das Niveau einer SM längst verlassen. Das Wunder ist größtenteils Propaganda. Über allem steht das verlogene politische Motto der Bundesregierung und der sie tragenden Parteien: „Sozial ist, was Arbeit schafft", als zähle nicht, wie die Arbeit bezahlt wird und unter welchen Umständen sie stattfindet, wenn eben nur gearbeitet und im Ergebnis die amtliche Statistik aufgehübscht wird.

Immer mehr befristete und Leiharbeit

Seit 2002 ist die Zahl der unsicheren und daher besonders belastenden Zeitverträge um 12 % gestiegen[02-11] Auch im öffentlichen Dienst wird bereits zu 70 % nur auf Zeitvertrag eingestellt. Dabei zählt Deutschland in Westeuropa zu den Ländern mit einem besonders hohen Anteil an befristeten Arbeitsverhältnissen.

Wenn etwas am deutschen Arbeitsmarkt boomt, ist es die Arbeitnehmerüberlassungs-Industrie - bürokratische Umschreibung für „Leiharbeit". Sie wurde ursprünglich 1972 durch das Arbeitnehmerüberlassungsgesetz geregelt, wobei Kettenarbeitsverhältnisse nicht zugelassen waren. Doch wurde dieses Gesetz durch das Erste Gesetz für moderne Dienstleistungen am Arbeitsmarkt („Hartz I") in wesentlichen Punkten mit Wirkung zum 1. Januar 2003 geändert: Das besondere Befristungsverbot, das Synchronisationsverbot, das Wiedereinstellungsverbot und die Beschränkung der Überlassungsdauer auf höchstens zwei Jahre wurden aufgehoben. Damit wurde die Leiharbeit im großen Stil „salonfähig". Sie konnte nun an die Stelle regulärer Arbeitsverhältnisse treten, wobei im Konjunkturabschwung (oder bei unternehmensspezifischen Problemen) Leiharbeiter regelmäßig als Erste entlassen werden, also einen zudem billigen Konjunkturpuffer darstellen. Bei Entlassung rauscht mehr als jeder dritte Leiharbeiter direkt auf Hartz IV durch, weil ihm das Arbeitslosengeld I entweder nicht zusteht oder weil es zur Sicherung des Lebensunterhalts nicht ausreicht.

Die Leiharbeit beschäftigte 2014 schon 882.000 Arbeitnehmer[02-12]. Der mit Hartz I zum Ausgleich gedachte Gleichbehandlungsgrundsatz, der das Recht auf gleichen Lohn und gleiche Arbeitsbedingungen wie die Kernmannschaft im Entleihbetrieb gewährt, kann von den Zeitarbeitsfirmen bequem umgangen werden, weil ihnen erlaubt wurde, ihre eigenen Tarifverträge abzuschließen. Mit 1.700 Euro/Monat verdienen Leiharbeiter nur 57 % des mittleren Entgelts aller Beschäftigten. Zwar wurde ab 2012 durch die „Erste Verordnung über eine Lohnuntergrenze in der Arbeitnehmerüberlassung" ein Mindeststundenlohn von 7,89 Euro (West) bzw. 7,01 Euro (Ost) eingeführt, doch ändert das wenig an der Schlechterbezahlung für gleiche Arbeit. Dabei werden Tarifverträge immer häufiger durch den Trick von Werksverträgen umgangen, um auch jenseits der Zeitarbeit Branchentarifverträge und andere Regelungen, die für Stammbeschäftigte gelten, zu vermeiden.

Tricks mit der Arbeitslosenstatistik

Hinzu kommt die Verdrängung von Arbeitslosen aus der Statistik. Immer wieder formulierte die Politik die Kriterien für die Erfassung der Arbeitslosigkeit so um, daß die Arbeitslosenzahlen offiziell sanken. Beispielsweise werden arbeitslose Hartz-IV-Empfänger im Alter von über 58 Jahren nicht mehr mitgezählt, wenn sie von den Jobcentern ein Jahr lang kein Arbeitsangebot bekommen haben. Nicht erfaßt werden auch die durch Instrumente der Arbeitsmarktpolitik Geförderten, z.B. in Fort- und Weiterbildung genauso wie in Trainings- und Arbeitsbeschaffungsmaßnahmen. Zusammen waren das in beiden Gruppen rund 300.000 Menschen. Viele Jugendliche hängen in den Warteschleifen von Übergangsmaßnahmen und werden daher nicht als arbeitslos gezählt. Insgesamt gab es im vergangenen Jahr in Deutschland 370.000 arbeitslose Jugendliche, die nicht in den offiziellen Statistiken auftauchen, weil sie nicht nach Arbeit suchen und nicht in Ausbildung oder Schulung sind (Aussage von EU-Sozialkommissar László Andor vom Juli vergangenen Jahres). Auch wer sich nicht zur Arbeitssuche meldet, taucht in der Statistik nicht auf. Gleiches gilt für alle, die nicht mindestens 15 Stunden pro Woche arbeiten können oder krankgeschrieben sind. Wer einen Ein-Euro-Job hat oder einen Gründungszuschuß erhält, ist damit offiziell nicht arbeitslos. Zusätzlich streicht die Arbeitsagentur alle aus der Statistik, die eine Vermittlung erschweren, weil sie ihre Pflichten bei der Jobsuche nicht erfüllen.

Immer mehr atypische Arbeitszeiten

Die Nacht- und Wochenendarbeit hat deutlich zugenommen: 2014 arbeitete rund ein Viertel aller Arbeitnehmer auch samstags und abends. 15 Jahre zuvor waren es noch knapp 19 % bzw. 15 % gewesen[02-13]. Je älter die Arbeitnehmer werden, umso länger arbeiten sie, wobei einerseits ihre Erfahrung ausgenutzt wird, andererseits ihre Anpassung an die Gesetze einer neoliberalen Arbeitswelt. Bei denen zwischen 55 und 64 arbeiten schon 17 % mehr als 48 Stunden. Zudem arbeiten immer mehr der Älteren über 50 Jahre sehr belastende und gesundheitsschädliche Schichtarbeit. Ihre Zahl hat sich im vergangenen Jahrzehnt mehr als verdoppelt. Verstösse gegen das Arbeitszeitgesetz sind seit 2007 um fast ein Drittel gestiegen.

2. Die Arbeit wurde immer belastender

Im internationalen Vergleich arbeiten die Deutschen nach einer Übersicht von Eurostat in der Alt-EU mit die längsten Wochenarbeitszeiten. Es sind fast sechs Stunden jede Woche länger als die von den Tarifparteien in Deutschland in vielen Branchen vereinbarte Arbeitszeit und drei Stunden mehr als beispielsweise in Dänemark. Seit Anfang der 90er Jahre sind 1,2 Stunden hinzugekommen. Im Ergebnis hielten die deutschen Arbeitgeber die im Wettbewerb entscheidenden Lohnstückkosten weit unten, im internationalen Vergleich eine absolute Spitzenleistung[02-14].

Immer mehr Arbeitsstreß

Fast die Hälfte der Deutschen klagt einer neuen Umfrage der Bundesanstalt für Arbeitsschutz und Arbeitsmedizin unter mehr als 17.000 Arbeitnehmern zufolge über wachsenden Streß am Arbeitsplatz. Dabei sind 43 % der Erwerbstätigen überzeugt, daß die Belastungen im Job in den vergangenen Jahren zugenommen haben. Demnach arbeitet jeder zweite Befragte unter starkem Termin- und Leistungsdruck. Knapp 60 % der Befragten gaben an, verschiedene Aufgaben gleichzeitig betreuen zu müssen. Fast jeder Zweite wird bei der Arbeit ständig unterbrochen - etwa durch Telefonate und E-Mails. Weil Ruhepausen nicht in den Arbeitsablauf passen oder sie nach eigenem Bekunden zu viel Arbeit haben, verzichtet jeder Vierte auf eine Pause.

Unter den Bedingungen des neoliberalen Turbokapitalismus spielt die Psyche massenhaft nicht mehr mit. Die Veränderung gegenüber den Hochzeiten der SM ist immens und einer der stärksten Indikatoren für deren Untergang. Die Deutschen nehmen heute doppelt so viele Antidepressiva wie noch vor zehn Jahren. Jedes Jahr kommen fast elf Millionen Tage zusammen, an denen Menschen, die an einer Depression erkrankt sind, nicht zur Arbeit gehen können. Dabei beschränkt sich die Depression nicht auf einen Lebensbereich. Sie erhöht das Risiko für Herz-Kreislauf-Erkrankungen, Diabetes und Demenzerkrankungen. Sie grenzt die Betroffenen oft aus ihrem sozialen Umfeld, aus ihrem Freundeskreis und ihrer Familie aus. Depressionen sind Hauptursache für Arbeitsunfähigkeit oder Frühverrentung. Und etwa 7.000 Menschen treiben sie jedes Jahr in den Suizid, fast doppelt so viele Menschen, als im Straßenverkehr umkommen.

Allgemein ist der Gesundheitszustand der Deutschen im westeuropäischen Vergleich ohnehin eher schlecht. Mit 65 Jahren ist die statistische Erwartung weiterer gesunder Lebensjahre am unteren Ende des Vergleichsfeldes. Der Anteil von Menschen mit langanhaltender starker gesundheitlicher Behinderung ist der höchste im Vergleichsfeld[02-15]. Bei den Krankenhausentlassungen nach psychischer Erkrankung hat Deutschland einen traurigen Spitzenplatz.

Die Barmer Ersatzkrankenkasse, die größte gesetzliche Versicherung, berichtet in ihrem Krankenhausreport 2013, die Krankenhausverweilzeiten unter der Diagnose von psychischen Störungen seien im Vergleich zu 1990 bis 2012 um etwas mehr als zwei Drittel angestiegen. Nach der neuen DEGS-Gesundheitsstudie des Robert Koch-Instituts von 2013 ist etwa jeder zehnte Erwachsene - 14 % der Frauen und 8 % der Männer - stark und andauernd gestreßt. Zu ähnlich alarmierenden Ergebnissen kommt eine Forsa-Umfrage im Auftrag der Techniker Krankenkasse vom Oktober 2013. Darin hat jeder Fünfte angegeben, in Dauerstreß zu leben. Nach einem Bericht der Bertelsmann-Stiftung geht jeder fünfte Bundesbürger wegen psychischer Beschwerden mindestens einmal pro Jahr zum Arzt.

Seit Mitte des vergangenen Jahrzehnts steigt die Arbeitsunfähigkeit durch psychische Erkrankungen besonders stark an. Allein in den fünf Jahren bis 2012 haben die Arbeitsunfähigkeitstage um 41 % zugenommen. In den letzten 14 Jahren kam es zu mehr als einer Verdoppelung[02-16]. Die „Burn-out"-Fälle (Probleme mit Bezug auf Schwierigkeiten bei der Lebensbewältigung) haben ebenfalls stark zugenommen und betreffen schon jedes zehnte Mitglied der AOK-Versicherten. 1,2 bis 1,5 Mio. Menschen sind von Schlaf- und Beruhigungsmitteln abhängig, wie der Gesundheitswissenschaftler Gerd Glaeske jetzt errechnet hat.

Die Belastungen führen auch dazu, daß immer mehr Menschen - trotz der damit verbundenen finanziellen Einbussen - vorzeitig in Rente gehen. Nach den Zahlen der Deutschen Rentenversicherung bezogen 2011 knapp 700.000 Menschen erstmalig ihre Altersrente. Knapp die Hälfte von ihnen - fast 337.000 - bekamen nicht ihr volles Ruhegeld ausgezahlt, weil sie nicht bis zur Regelaltersgrenze von 65 Jahren gearbeitet hatten. Der Anteil der Frührentner mit finanzieller Schlechterstellung ist von 41 % im Jahr 2005 auf zuletzt über 48,2 % gestiegen. Insgesamt hatten bei den 64-Jährigen im Juni 2012 nur noch 14,2 % einen Job.

Unter den Jugendlichen werden Lehrlinge verstärkt ausgenützt, indem man sie immer längere Zeiten als Arbeitskräfte statt als Auszubildende einsetzt: zwischen 2000 und 2007 durchschnittlich ein Viertel mehr bei einfachen Arbeiten und sogar zwei Drittel mehr in Fachkräftetätigkeiten. Die Ausbeutung der Arbeitskraft auch junger Menschen kennt keinen Halt.

Weniger Tarifbindung – schwächere Gewerkschaften

Angesichts der zunehmenden Belastungen und Unsicherheiten des Arbeitslebens wäre die Rolle der Gewerkschaften und der von ihnen ausgehandelten Tarifverträge eigentlich umso wichtiger geworden. Doch die Bindung der Unternehmen an Branchentarifverträge ist seit Mitte der 90er Jahre bis

2012 immer weiter zurückgegangen, in W-Deutschland von 70 % auf 52 %, in O-Deutschland von 56 % auf nur noch 35 %[02-17]. Zwischen der schwächer werdenden deutschen Tarifabdeckung und dem im internationalen Vergleich hohen Ausmaß an Niedriglöhnen gibt es einen engen Zusammenhang.

Der Neoliberalismus verkürzt die Wirtschaftsleistung

Angetreten mit einem Abbau der SM war die neoliberale Bewegung, um die Wirtschaftskraft Deutschlands zu stärken. Doch im Ergebnis hat sie die Arbeitsausfälle durch die verschiedenen Formen von Streßkrankheiten hochgetrieben. Frauen, die vor allem unter Streß leiden, verzichten auf Kinder, weil sie deren Belastung nicht mehr mit der aus dem Beruf vereinbaren können. Auch das führt in der jeweils nächsten Generation zu einem gewaltigen Ausfall an Wirtschaftskraft. Sollte sich diese Situation der negativen wirtschaftlichen Konsequenzen weiter verschlimmern, so wird sich der Neoliberalismus immer mehr als Kaiser ohne Kleider entpuppen.

3. Lohnentwicklung im Zeichen neoliberaler Globalisierung

Die deutsche Lohnentwicklung zeigt die deutlichsten Spuren des schrittweisen Untergangs der SM. Besondere Stichworte sind: Lohnquote, Globalisierung, Niedriglöhne, Niedriglohnfalle, Aufstocker.

Stagnierende Reallöhne, langfristig sinkende Lohnquote

Der deutsche Durchschnittslohn stand seit dem Jahr 2000 unter besonderem, dreifachem Druck nach unten. Das war erstens der von der Bundesregierung vor allem durch Verweigerung gesetzlicher Mindestlöhne und durch Erleichterung der Leiharbeit geförderte Niedriglohnsektor. Zweitens war es der Abbau der Arbeitslosenversorgung im Rahmen der Hartz Gesetze, was immer mehr Arbeitnehmer veranlaßte, jede Arbeit anzunehmen. Drittens war es der zunehmende Wettbewerb der Niedrigstlohnländer, wie China, der ebenfalls von der Bundesregierung über die EU-Handelspolitik gefördert wurde. So unter Druck gesetzt konnte sich der Durchschnittslohn nicht mehr der Preisentwicklung anpassen und schon gar nicht der Entwicklung der Produktivität.

Wie schon erwähnt, erreichte der Anteil der Löhne am jährlichen Volkseinkommen 1973 seinen oberen Wendepunkt und trat dann seinen ständigen Abstieg mit etwas Auf und Ab an[01-4]. Die Produktivität ist seit 2000 um rund 15 % gestiegen, seit dem Jahr 1970 sogar auf mehr als das Doppelte[02-1]. Das wurde durch mehr Arbeitsdruck einerseits und durch immer mehr Industrieautomaten andererseits erreicht. Nach Korea und Japan hat Deutschland den im internationalen Vergleich höchsten Einsatz von Industrierobotern pro Beschäftigte und mehr als doppelt so viel wie in USA.

Die Entwicklung der Arbeitseinkommen fällt als besonders unsozial auf, wenn man sie mit den Unternehmens- und Vermögenseinkommen und deren Entwicklung vergleicht. Über die längere Frist seit dem Jahr 2000 haben diese inflationsbereinigt um stattliche 31 % zugelegt, während die Nettolöhne und -gehälter pro Arbeitnehmer immer noch bei schwachen 0,2 % pendeln[03-1].

Schließlich ist bei den Löhnen die zunehmend starke Differenzierung nach Leistungsgruppen zu berücksichtigen, die einen Großteil der Arbeitnehmer mit einer noch schlechteren Lohnentwicklung zurück läßt. Besonders stark steigen die Gehälter der Leitenden Angestellten bei den Unternehmensbossen angefangen und – wenn auch in deutlich geringerem Umfang - der sogenannten „herausgehobenen Fachkräfte". So gelang es den Vorständen der 30 deutschen Dax-Gesellschaften, ihr Durchschnittseinkommen bis 2014 auf 5,9 Mio. Euro hochzuschießen, mehr als das Hundertfache der Durchschnittslöhne ihrer betrieblichen Mitarbeiter. Bei den anderen Leistungsgruppen sah es sehr viel schlechter als bei diesen zwei Spitzengruppen aus[03-2]. Hier reißt also ein weiterer unsozialer Graben innerhalb der Arbeitseinkommen auf. Er kommt zu dem Hauptgraben zwischen Arbeitsentgelt sowie Unternehmens- und Vermögenseinkommen noch hinzu.

Im internationalen Vergleich der größeren Wettbewerber hatte Deutschland zwischen den Jahren 2000 und 2014 zusammen mit Japan die schlechteste Lohnentwicklung[03-3]. Besonders schlimm ist, daß Deutschland gleichzeitig die höchste Lohndiskriminierung der Frauen aufweist (Kapitel 9).

Das Spiel mit der Verbraucherpreisinflation

Die Entwicklung der Löhne und vieler Sozialleistungen steht in engem Zusammenhang mit der Entwicklung der Verbraucherpreisinflation. Damit ist die Berechnung der Inflationsrate ganz entscheidend für die soziale Verteilung in Deutschland. Doch genau an dieser Stelle, hat die amtliche Politik unter Schröders rot-grüner Koalition gleich zwei gravierende Neuerungen eingeführt, die beide durch ziemlich künstliche Rechentricks eine niedrigere Inflationsrate herbeiführen, als die von den meisten Menschen, besonders am unteren Ende der Einkommensskala, täglich empfunden wird.

Noch bis zum Ende des Jahres 2002 wurde die Inflationsrate in Deutschland für die einzelnen Haushaltstypen getrennt berechnet. So gab es neben dem Preisindex für Beamte und Angestellte mit höherem Einkommen einen Index für

3. Lohnentwicklung

Arbeiter und Angestellte mit mittlerem Einkommen und den Preisindex für Rentner und Sozialhilfeempfänger mit geringem Einkommen. Natürlich haben sich die Lebenshaltungskosten für die verschiedenen Haushaltstypen sehr unterschiedlich entwickelt. Während z.b. der Preisindex für die höheren Einkommensgruppen von 1995 bis Ende des Jahres 2002 nur um 9,7 Prozentpunkte gestiegen war, mußten Geringverdiener im gleichen Zeitraum einen Kaufkraftverlust in Höhe von 11,2 Prozentpunkten ertragen. Doch nun wurde diese Aufgliederung zugunsten eines einheitlichen Verbraucherpreisindexes abgeschafft. Dieser liegt deutlich unter dem von vielen Menschen empfundenen Preisanstieg. Wer wie beispielsweise Sozialrentner seine knappen Einkünfte im Wesentlichen auf Nahrungsmittel, Strom, Gas, Brennstoffe, Wasser, Wohnung, Verkehrsdienstleistungen, Sprit und Fahrzeugwartung sowie Gesundheitspflege ausgab, hat seit dem Jahr 2000 um etwa 7 Prozentpunkte mehr Inflation ertragen müssen, als die amtliche Berechnung ausweist.

Zweitens wurde nach dem Vorbild der USA, wo die Statistik schon seit vielen Jahren beliebig manipuliert wird, die sogenannte „hedonistische" Methode der Preisberechnung eingeführt. Das Statistische Bundesamt berücksichtigt dabei die angenommene Qualitätssteigerung von Produkten und verkauft das als „Qualitätsbereinigung" der Statistik. Preisentwicklungen werden fortan heruntergerechnet, wenn das Amt eine Qualitätssteigerung annimmt. Also sinken die angenommenen Preise für viele Artikel in der amtlichen Preisstatistik immer mehr, obwohl sich die Verkaufspreise nicht entsprechend ermäßigt oder sogar erhöht haben. Diese doppelte Statistikumstellung war also Teil der Schröderschen Reformen. Die Gewerkschaften, die ihren Mitgliedern Erfolge in den Tarifverhandlungen vorführen wollen, orientieren sich natürlich lieber an der künstlich nach unten gerechneten amtlichen Inflationsrate.

Folgen einer neoliberalen Globalisierung

Insgesamt hat die seit etwa dem Jahr 2000 verstärkt einsetzende weltwirtschaftliche Integration Osteuropas und der großen Schwellenländer China und Indien mit einer Bevölkerung von ca. 2,7 Milliarden Menschen das Verhältnis von Kapital und Arbeit in der Welt grundsätzlich und für sehr lange Zeiten geändert. So hat sich nach Schätzungen von Harvard-Professor Richard Freeman die Zahl der Arbeitskräfte im globalen Wirtschaftssystem von 1,46 Milliarden auf 2,93 Milliarden verdoppelt, ohne daß das über Investitionen nach Arbeit suchende Kapital (im Unterschied zum Spekulationskapital) entsprechend zunahm. Mehr als die Hälfte der Zunahme an Arbeitskräften und wahrscheinlich 80 % der exportrelevanten Arbeitskraft entfällt dabei allein auf China.

China hat extrem niedrige Arbeitskosten und kann mit der Ausbeutung seiner etwa 250 Millionen Wanderarbeitnehmer immer mehr Industrieproduktion aus der Welt an sich ziehen und zugleich in den alten Industrieländern die Löhne unter Druck setzen. In China gibt es nur die Staatsgewerkschaften, die sich mehr für die Unternehmensleitungen einsetzen als die Rechte der Arbeitnehmer. Das Streikrecht ist nicht anerkannt, so daß nur wilde Streiks stattfinden können. Die Sozialversicherung ist bisher trotz aller Pläne nur rudimentär, so daß die Arbeitnehmer für alle Schicksalslagen sparen müssen. Eine Studie der Boston Consulting Group zeigte, daß im Jahr 2000 der Lohn einer chinesischen Arbeitskraft noch etwa 3 % von dem eines amerikanischen Arbeitnehmers betragen hat. Dieser Anteil ist auf 4 % in 2005 und 9 % in 2010 gestiegen. In der chinesischen Stadt Guangzhou, wo sehr viel Exportindustrie angesiedelt ist, soll der durchschnittliche Monatslohn nach Boston Consulting zwischen 405 und 473 US$ (entspricht 355 Euro) betragen, was die schlechter bezahlten

Wanderarbeitnehmer einschließt. Der monatliche Mindestlohn lag 2012 für Shenzhen, eines der Hauptexportzentren, bei 240 US$/180 Euro. Soweit nun die Mindestlöhne steigen, verlagert China immer mehr in Industrieproduktion ins Inland, wo das Lohnniveau noch sehr niedrig ist.

Besonders die Bundesregierung hat unter dem Druck der deutschen Exportkonzerne auf eine fast bedingungslose Aufnahme Chinas in die für Marktwirtschaftsländer konzipierte Welthandelsorganisation gedrängt und so entscheidend mitgeholfen, China die Märkte der alten Industrieländer für seine Exportoffensiven zu öffnen. Ebenso wurde die Ausbeutung der Niedrigstlöhne in Ländern wie Kambodscha ermöglicht. Dort verdiente 2013 ein für europäische Modehäuser beschäftigter Textilarbeiter im Monat gerade einmal 80 US$/58 Euro.

Die durch die neoliberale Globalisierung ermöglichte und nun glaubwürdige Drohung mit Betriebsverlagerungen oder -schließungen hat die Gewerkschaften erheblich geschwächt. Die größten deutschen Konzerne sind noch weit internationaler aufgestellt als der Durchschnitt ihrer Konkurrenten im Ausland und inzwischen ziemlich heimatlos. Das Kapital der 30 größten deutschen börsengehandelten Unternehmen (Dax-30) ist nur noch zu wenig mehr als einem Drittel in deutscher Hand[03-4], die Mehrheit deren Mitarbeiter schon seit Jahren im Ausland[03-5] und die deutsche Gewerbliche Wirtschaft insgesamt bestreitet bereits fast die Hälfte ihres Umsatzes im Ausland. Fast jeder dritte Spitzenmanager in den Vorständen der Dax-30 kommt aus den Ausland, darunter 9 Vorstandschefs.

Deutschland wurde zum Niedriglohnmeister Westeuropas

Nach den Zahlen von Eurostat für 2010 hatte Deutschland den höchsten Niedriglöhneranteil in Westeuropa. Kein anderes Land ist bei den Arbeitseinkommen so gespalten und vertieft diesen Riß immer weiter. Selbst das amtliche Institut für Arbeitsmarkt- und Berufsforschung stellt dazu fest: „Fast ein Viertel aller deutschen Beschäftigten bezog im Jahr 2010 einen Niedriglohn, das heißt weniger als 2/3 des mittleren Lohns. Die auf Basis von Stundenlöhnen ermittelten Niedriglohnquoten weisen für Deutschland mit einem Anteil von 24,1 % an allen Beschäftigten den höchsten Wert unter den Vergleichsländern auf, wenn man einmal von Litauen absieht.

Gerade jüngere Arbeitnehmer unter 30 Jahren finden mit einem Anteil von über 36 % den Berufseinstieg fast nur noch über Niedriglöhne. Auch Beschäftigte, die zum Kernbereich des „ersten" Arbeitsmarkts gezählt werden können, nämlich über 30-jährige vollzeitbeschäftigte Männer mit inländischer Staatsangehörigkeit und unbefristeten Verträgen, abgeschlossener Ausbildung oder Studium, zählen hierzulande häufiger zu den Geringverdienern. Selbst unter den sozialversicherungspflichtig Vollzeitbeschäftigten ist der Anteil der Niedriglöhner über die letzten 20 Jahre ständig gestiegen[03-6].

Immer mehr Menschen müssen einen Zweitjob aufnehmen und nach Feierabend weiterarbeiten, meist weil sie mit dem ersten nicht genug verdienen. Ende 2013 besserten 2,7 Mio. Menschen ihr Einkommen aus einer regulären Hauptbeschäftigung mit einem Minijob auf. Der Anteil derer mit Zweitjob hat sich selbst unter den sozialversicherungspflichtig Beschäftigten innerhalb von zehn Jahren mehr als verdoppelt.

Aufstocker und „Working poor"

Der Staat subventioniert in Deutschland offen die Arbeitgeber, indem er Löhne unterhalb des Hartz-IV-Niveaus auf dieses anhebt. Das ergibt dann die sogenannten „Aufstocker".

Auch unter den armutsgefährdeten Arbeitnehmern - den „Working poor" - hat Deutschland mit fast 8 % einen der höchsten Anteile in Westeuropa. Rechnet man Luxemburg und die Schweiz als Sonderfälle mit besonders hohem Durchschnittslohn als Basis für die Berechnung der Armutsschwelle heraus, so liegt der Anteil der armutsgefährdeten Arbeitnehmer nur in den Krisenländern Griechenland, Spanien und Italien noch höher als in Deutschland.

Die Niedriglohnfalle

Der Niedriglohnsektor war in Deutschland immer als gute Startposition in den regulären Arbeitsmarkt angepriesen worden. Diese Mär ist generell statistisch längst widerlegt. Schon 2005 zeigten die Zahlen der Bundesregierung, daß es eine „Niedriglohnfalle" war. 2013 hat das Institut für Berufs- und Arbeitsmarktforschung (IAB) der Bundesagentur für Arbeit als Ergebnis einer neuen Untersuchung der 1,4 Mio Aufstocker mitgeteilt: „Geringfügige und befristete Beschäftigungsverhältnisse, Zeitarbeit oder niedrig entlohnte Tätigkeiten bahnen nur selten den Weg in eine ungeförderte Beschäftigung."

Deutschland treibt die EU-Lohnspirale nach unten

Deutschland ist eines der Schlußlichter in der Entwicklung der Lohnstückkosten, die aus Lohnkosten und Entwicklung der Produktivität bestehen[02-14]. Damit treibt Deutschland die Lohnspirale in der Eurozone immer mehr nach unten und trägt entscheidend zu der den Euro bedrohenden Auseinanderentwicklung der Eurozone bei. Besonders Frankreich als der wichtigste deutsche Partner hält mit Kritik nicht mehr zurück. So beklagte Benoît Hamon, beigeordneter Minister für soziale Ökonomie und Solidarität, im September 2013:

„Ich möchte, daß Deutschland fair mit einem Wirtschaftsmodell spielt, das nicht auf einem Wettbewerb nach dem Prinzip gründet, wer kann den Arbeitnehmern die niedrigsten Löhne zahlen. Ich bin müde, Ermahnungen für Arbeitsmarktreformen zu hören, wenn einige Länder in Europa an den
Beschäftigungsdirektiven der EU vorbei kommen und ihre Arbeitnehmer unterbezahlen. Ich möchte, daß Deutschland eine
Sozialpolitik hat, wo die Wettbewerbsfähigkeit nicht von 400
Euro-Jobs abhängt. Wir lassen Arbeitnehmer zu 7 Euros gegen solche kämpfen, die 10, 11 oder 14 pro Stunde verdienen.
Das kann nicht in dem gleichen Territorium funktionieren. Das
ist nicht möglich. Das geht nicht."

4. Wenn 10 % mehr als 2/3 der Vermögen besitzen

Der bekannte Sozialphilosoph Oswald von Nell-Breuning
meinte schon 1967: „.. daß die heute bei uns bestehende
Verteilung der Vermögen in entscheidendem Maße durch die
politischen Katastrophen der letzten Jahrzehnte geprägt und
in viel höherem Maße durch glückliche oder unglückliche Zufälligkeiten als durch Leistung und Verdienst bestimmt ist und
sich damit als fragwürdig erweist." Daran ist nur ein Teil wahr,
nämlich die mangelnde Rechtfertigung der Vermögenskonzentration durch Leistung und Verdienst. Wichtiger jedoch ist die
Gesetzmäßigkeit des Kapitalismus. Der bevorzugt naturgemäß das Kapital und daher die Erträge aus Kapital gegenüber
denen aus Arbeit. Die, die in der Vermögenshackordnung oben
stehen, haben zudem die starke Tendenz, die Zugbrücken
hochzuziehen und sich und ihren Nachwuchs gegen die Aufwärtsmobilität derer von unten abzusichern. Das aber ist wirklich keine Zufälligkeit im Sinne von Nell-Breuning sondern ein
immanentes Gesetz dieser Wirtschaftsform. Nur Kriege, Revolutionen und große Wirtschaftskrisen haben die ständige
Konzentration von Kapital zeitweise unterbrochen.

Aufstieg der Millionäre

Aus Anlaß des Davos-Treffens der politischen und wirt-schaftlichen Eliten der Welt von 2015 veröffentlicht Oxfam sei-nen Bericht "WEALTH: HAVING IT ALL AND WANTING MORE". Er baut auf den Daten der Credit Suisse des vergangenen Jahres auf und hinsichtlich der Milliardäre auf Forbes. Danach hat seit Ausbruch der globalen Weltkreditkrise im Jahre 2009 das oberste 1 % sein Vermögen immer weiter gesteigert, während die unteren 99 % verloren haben[04-1]. Im Ergebnis wird bei diesem Trend schon im kommenden Jahr das Vermögen des obersten 1 % dasjenige des Restes der Weltbevölkerung überholen. Waren 2010 noch die 388 Reichsten zusammen nötig, um das Vermögen der unteren 50 % aufzuwiegen, so erreichten dies im vergangenen Jahr bereits die 80 Reich-sten. Credit Suisse rechnet über die nächsten 5 Jahre trotz Krise mit einem Zuwachs der Vermögen um fast 50 % auf 330 Billionen US$. Die Zahl der Dollar-Millionäre soll in die-sem Zeitraum von 28 Mio. auf 46 Mio.steigen. Ganze 0,6 % der Weltbevölkerung - alles Dollarmillionäre oder Milliardäre - besitzen nach Credit Suisse etwas mehr als 39 % der Ver-mögen; weitere 7,5 % halten etwas mehr als 43 % der Ver-mögen. Der große untere Sockel von 3,2 Mrd Menschen be-sitzt gerade einmal 3,3 % des Weltvermögens[04-2].

In Deutschland ist verglichen mit 1970 der Reichtum heute nicht nur ungleich größer, sondern noch viel ungleicher verteilt. Leider gibt es einigermaßen verläßlichere Daten erst, seit in Deutschland die Einkommens- und Verbrauchs-stichprobe (EVS) erhoben und vom sozio-ökonomischen Pa-nel ausgewertet wird. Auf dieser Basis kam das oberste Zehn-tel, das 2002 noch einen Anteil von knapp 58 % am deutschen Nettovermögen hatte, in der letzten Erfassung für 2007 schon auf knapp 67 %[04-3]. Beim obersten einen Prozent der Haushalte befanden sich nun rund 36 % des Vermögens, mehr als bei den unteren 90 %.

Ebenso zeichnet die Rangliste „Die 500 reichsten Deutschen 2013" des „manager magazins" ein sehr deutliches Bild. Nie waren Deutschlands Superreiche so reich wie heute, nie gab es mit 135 so viele Milliardenvermögen. Das Vermögen der Top 100 stieg in 2013 auf den Rekordwert von 334 Mrd. Euro, das der Top 500 auf den von 528 Mrd Euro. Auch das muß man vergleichen, um es zu verstehen: 500 durchschnittliche deutsche Arbeitnehmer müßten ihre Löhne 624.000 Jahre lang zusammenlegen und nichts verbrauchen, um ein solches Vermögen aufzubauen. Oder man könnte von diesem Vermögen alle Aktien der 8 größten deutschen Unternehmen kaufen, für die weltweit 1,6 Mio. Menschen tätig sind; dann würde deren Schicksal an den 500 Superreichen hängen. Dabei ist die deutsche Vermögenspyramide unglaublich spitz[04-4]. Die Haupttriebkräfte hinter der Vermögenskonzentration sind – neben den Erbschaften - die Unterschiede in den Einkommen. Dieser Effekt wird noch durch Steuerregeln (z.B. Steuerschlupflöcher, in Deutschland auch fehlende Vermögenssteuer) verschärft.

Selbst die Organisation der entwickelten Volkswirtschaften OECD, die eher auf der konservativen Seite des politischen Spektrums operiert, sah sich daher Ende 2011 zu einer spektakulären Warnung veranlaßt. Unter dem provokanten Titel „Divided we stand" widerlegt ihre Studie die von den Reichen und ihren Mitläufern in der Politik gern verbreitete Annahme, daß Wirtschaftswachstum automatisch allen Bevölkerungsgruppen zugute kommt und daß Ungleichheit soziale Mobilität fördert. In den Worten des OECD-Generalsekretärs Angel Gurría: „Zunehmende Ungleichheit schwächt die Wirtschaftskraft eines Landes, sie gefährdet den sozialen Zusammenhalt und schafft politische Instabilität. Wir brauchen

4. Wenn 10 % mehr als zwei Drittel der Vermögen besitzen

eine umfassende Strategie für sozialverträgliches Wachstum, um diesem Trend Einhalt zu gebieten."

Im OECD-Schnitt stiegen die verfügbaren Haushaltseinkommen in den beiden Jahrzehnten vor der Finanz- und Wirtschaftskrise um 1,7 % jährlich. Die größten Gewinne machten dabei zumeist Gutverdienerhaushalte. In Deutschland ist diese Entwicklung besonders ausgeprägt: Insgesamt wuchsen die realen Haushaltseinkommen hier um 0,9 % pro Jahr – in der untersten Einkommensklasse kam davon allerdings lediglich eine Steigerung von 0,1 % an, während die 10 % der am besten verdienenden Haushalte ihr Einkommen um 1,6 % pro Jahr steigern konnten.

So ist in der Bewertung der OECD in Deutschland die Einkommensungleichheit seit 1990 erheblich stärker gewachsen als in den meisten anderen OECD-Ländern. In den 80er und 90er Jahren habe das Land zu den eher ausgeglichenen Gesellschaften gehört, inzwischen läge es nur noch im OECD-Mittelfeld. Und noch einmal die OECD: „Die obersten 10 % der deutschen Einkommensbezieher verdienten im Jahr 2008 etwa achtmal so viel wie die untersten 10 %. In den 90ern lag das Verhältnis noch bei 6 zu 1."

Die betroffenen Menschen sind sich der wachsenden Ungleichheit durchaus bewußt. Die internationale Umfrage des renommierten PEW Instituts vom Mai 2013 hat es wieder gezeigt. In keinem Land, außer Spanien, sehen die Menschen die soziale Ungleichheit so wachsen[04-5].

Die Mittelschicht schrumpft

Innerhalb der Bandbreite der Einkommensgruppen schrumpft seit vielen Jahren unter dem Druck der Vermögenskonzentration am oberen Ende die sogenannte Mittelschicht. Das DIW Berlin und die Universität Bremen sind dem in einer Ende 2012 veröffentlichten Studie in Auswertung der jährlichen

Befragung von etwa 20.000 Erwachsenen im Rahmen des sozioökonomischen Panels weiter nachgegangen. Die Studie definiert die Mittelschichten innerhalb von insgesamt acht Einkommensgruppen als jene, die über 70 bis 150 % des sogenannten Medianeinkommens verfügen. Das Medianeinkommen teilt die Bevölkerung in zwei gleich große Hälften - in die Menschen mit einem höheren und die mit einem niedrigeren Einkommen. Zu den Mittelschichten gehörten damit Alleinstehende mit einem Monatseinkommen von 1130 bis 2420 Euro oder Familien mit zwei Kindern unter 18 und einem Budget von 2370 bis 5080 Euro.

Der Anteil der so definierten Mittelschichten an der Gesamtbevölkerung hat sich zwischen 1997 und 2010 von 65,0 % auf 58,5 % oder um 5,5 Millionen auf 47,3 Millionen verringert. Besonders ausgeprägt ist dieser Rückgang in der unteren Hälfte der mittleren Einkommensmittelschichten, deren Anteil sogar um 15 % geschrumpft ist. Andererseits haben die untersten Einkommensschichten unterhalb der Mittelschichten um knapp 4 Millionen Menschen zugenommen. Gleichzeitig ist die Top-Einkommensgruppe, die über mehr als 200 % des Medianeinkommens bezieht, um mehr als 500.000 Menschen angewachsen. Der Trend bei Unter- und Oberschicht zeigt damit nach oben, bei der Mittelschicht seit der Jahrtausendwende nach unten[04-6]. Nur durch die (temporäre) Krisensituation ist der Anteils-Zuwachs der Oberschicht in den letzten Jahren zum Stillstand gekommen.

Nach dem Abstieg einer Person aus der Mittelschicht fällt es heute schwerer, wieder in höhere Einkommensschichten aufzusteigen. Dazu die Studie: „Der Polarisierung der Einkommensverteilung entspricht eine zunehmende Segmentierung der Gesellschaft in oben, Mitte und unten. Gemessen an den Reallöhnen, dem realen Haushaltsnettoeinkommen und dem Vermögen hat die Einkommensmittelschicht in Deutschland in den vergangenen Jahren zum Teil deutliche Einbußen erlitten".

Die Schlußfolgerungen dieser beachtenswerten Studie: Für Einkommensschwache werde es im Ergebnis schwieriger, gesellschaftlich aufzusteigen. Eine soziale Durchmischung der gesamten Gesellschaft finde immer weniger statt. Dort, wo noch sozialer Aufstieg gelinge, handele es sich um eine Absetzbewegung von wenigen aus der Mitte nach oben. Andererseits wachse die Mitte nicht mehr durch einen Zustrom aus unteren Einkommensschichten und nähmen Verharrungstendenzen zu. Obwohl die Einkommensmobilität insgesamt eher gering sei, seien die unteren Einkommen der Mittelschicht gefährdet, in einkommensschwache Bereiche abzurutschen. Generell überwiege die Abstiegs- gegenüber der Aufstiegsmobilität. Große materielle Sorgen machten sich heute in der Mittelschicht etwa 25 % (2000: 15 %). Zugleich sei der Anteil derer, die angaben, sich keine Sorgen zu machen, gesunken (2000: 37 %, 2010: 25 %). Dazu trage bei, daß mittlere Bildungsabschlüsse wie Ausbildung und Realschule ihre subjektiv wahrgenommene Schutzfunktion vor ökonomischen Risiken eingebüßt hätten.

5. Die im Schatten sieht man nicht: Immer mehr Armut

Armut versteckt sich bekanntlich, in einem reichen Land wie Deutschland umso mehr. Oder wie Berthold Brecht sagte: „Die im Schatten sieht man nicht". Auch ist die Vermögensberichterstattung der Bundesbank und der darauf aufbauenden Medien vor dem Hintergrund relativ weit verbreiteter Armut und immer ungleicherer Vermögensverteilung geradezu obszön. So meldete SPIEGEL-online im Mai 2013 nach dem Bericht für 2012 unter der Überschrift „Geldvermögen:

Deutsche sind so reich wie nie": „Die Konten der Deutschen sind prall gefüllt. Im vergangenen Jahr sparten sie so viel Geld an wie seit 20 Jahren nicht mehr. Das Gesamtvermögen erreichte einen Rekord." Doch leider sind es nicht „die Konten der Deutschen", von denen hier perverserweise die Rede ist, sondern vor allem die prall gefüllten Konten der vermögenden Oberklasse.

Die Spitze des Eisbergs an Armut sind die Gratis-Küchen, wo sich Armut zeigen muß. In Deutschland hat sich die Zahl der Tafeln von 330 im Jahr 2003 auf 919 in 2014 fast verdreifacht. Dazu gehören mehr als 3.000 Tafel-Läden und Ausgabestellen bundesweit mit ca. 50.000 ehrenamtlichen Helferinnen und Helfern. Sie unterstützen regelmäßig ca. 1,5 Millionen bedürftige Personen, davon 30 % Kinder und Jugendliche. Für den angeblichen Sozialstaat Deutschland ist schon das eine Schande. Die Zahl der Tafeln und der versorgten Personen ist in den letzten Jahren stetig gestiegen. Mit Sorge beobachten die Tafeln vor allem die steigende Anzahl der bedürftigen Kinder und Jugendlichen. Viele bieten inzwischen eigene Kinder- und Jugendprojekte an.

Hartz IV und die Folgen

Nach einer neuen Studie des DGB unterstützte der Staat 2012 insgesamt 6,1 Millionen Bürger mit Hartz-IV-Leistungen. Von ihnen seien 4,4 Millionen im erwerbsfähigen Alter gewesen. Hartz IV hat sich als besonders markante Wendemarke von der SM weg tief in das Bewußtsein der Betroffenen und derer, die sich davor fürchten müssen, eingegraben. Dabei geht es um die Überführung des Arbeitslosengeldes in ein schon nach einem Jahr Arbeitslosigkeit eingreifendes System sehr knapper Sozialhilfe unter Verpflichtung zur Annahme jedweder Arbeit. Die Umstellung folgte den Vorschlägen der von

Gerhard Schröder berufenen Kommission „Moderne Dienstleistungen am Arbeitsmarkt" vom August 2002 und fand in den Hartz Gesetzen ihren Ausdruck.

Der Hartz IV Regelsatz beläuft sich auf die „fürstliche" Summe von 13,12 Euro pro Tag, darunter 4,66 Euro für Nahrungsmittel und alkoholfreie Getränke und ganze 0,05 Euro für Bildung. Aus der Sicht eines Menschen, der an der Spitze der Bundesregierung ein Einkommen von rund 350 Euro netto pro Tag (einschließlich steuerfreier Aufwandsentschädigung) bezieht, sollte das eigentlich ein unvollstellbar tiefer Graben sein, der die Betroffenen im Schatten verschwinden läßt.

Nach einer neuen Auswertung der Arbeitsagentur (BA) erhalten rund 1,08 Millionen Bundesbürger bereits seit 2005 durchgängig Hartz-IV-Leistungen. In Westdeutschland liegt die Quote der Dauerbezieher bei fast 23 % und im Osten bei fast 28 %. Weil ihr Arbeitslosengeld zum Leben allein nicht ausreicht, ist inzwischen etwa ein Zehntel auch der kurzzeitig Erwerbslosen zusätzlich auf Hartz IV angewiesen.

Seit den Hartz Gesetzen geht von der Gefahr der Arbeitslosigkeit ein enormer psychischer Druck auf alle Deutschen im arbeitsfähigen Alter aus, die nicht zu den Bevorrechtigten mit entsprechendem Vermögensstatus und absolut sicherem Job zählen. Erfaßt werden davon auch qualifizierte Arbeitnehmer und sogar akademisch ausgebildete, vor allem in vorgerückten Altersgruppen.

Ein besonders heftiger und exemplarischer Streit über die Arbeitsbedingungen bei der Anstellung von Arbeitslosen findet beim Versandbuchhändler Amazon statt. Dort werden vor allem im Weihnachtsgeschäft, das 80 % des Umsatzes ausmacht, vielfach Arbeitslose als schlecht bezahlte Saisonarbeiter angestellt. Sie müssen dann als so genannte „Picker" täglich etwa 15 Kilometer durch die Hallen laufen, auch wenn sie dafür körperlich gar nicht geeignet sind, wie Günter Wallraff herausgefunden hat. Sie würden von den Jobzentren unter der Drohung einer Hartz-4-Sperre in solche Jobs hineingedrückt. Wallraff nennt das ein erpresserisches Konzept, das für die Menschen wie Arbeitslager oder Zwangsarbeit sei. Entweder arbeitslos oder Ausbeutung. Hier habe sich ein System etabliert, wo Menschen bedenkenlos solchen Moloch-Unternehmen ausgeliefert würden, um sie aus der Statistik raus zu haben.

Die Zahlen der Leistungsempfänger verraten den Umfang der Armut

Im Mai 2015 bezogen fast 7 Mio. Menschen Arbeitslosengeld, Hartz-IV-Leistungen oder Sozialhilfe. Sie alle haben keinen richtigen Job und leben praktisch in Armut. Hinzu kommen noch sehr viele Menschen, die mit Rentenabschlag frühverrentet wurden, weil sie keine Arbeit finden konnten, und natürlich die nicht wenigen, die sich aus Scham oder anderen Gründen nicht beim Sozialamt melden wollen. Doch die Bundesregierung zählte amtlich nur 2,9 Mio. Arbeitslose und rühmt sich umso mehr der angeblichen Erfolge ihrer Arbeitsmarktpolitik. Dabei ist die Zahl derer im Schatten der Arbeitsmarktstatistik über die Jahre immer weiter gestiegen.

Anstieg der Armutsgefährdungsquote

In Deutschland haben die untersten 30 % gar keinen Anteil am Vermögen oder nur Schulden. Die Armutsgefährdungsquote ist von rund 10 % 1999 auf über 16 % 2013 erheblich angestiegen[05-1]. Der Schwellenwert für Armutsgefährdung liegt nach der gebräuchlichen Definition bei 60 % des Medians des Nettoäquivalenzeinkommens der Gesamtbevölkerung. Um diese schrecklichen Begriffe verständlich zu machen: Damit war im Jahr 2013 in Deutschland armutsgefährdet, wer weniger als 1074 Euro je Monat zur Verfügung hatte, was auf rund 16 Mio. Menschen zutraf. Einige Personengruppen waren besonders armutsgefährdet, so knapp 22 % der Frauen zwischen 18 und 24 Jahren, fast ein Drittel der Haushalte alleinstehender Männer oder Frauen, 39 % der Alleinerzieher, mehr als 69 % der Haushalte von Arbeitslosen, knapp 26 % derer mit niedrigem Bildungsabschluß und in ähnlicher Höhe der Anteil bei den Mietern.

Es gilt das Schlimme „einmal arm, immer arm". Beim untersten Fünftel der Einkommensverteilung hat das Risiko hier zu verbleiben seit den 90er Jahren von seinerzeit 54 % auf zuletzt 64 % im Zeitraum 2007/11 deutlich zugenommen. Fast 81 % der Personen, die 2011 unter der Armutsgefährdungsquote lagen, waren bereits in den vier Jahren zuvor zumindest einmal von Armut betroffen. Darunter sind nahezu 40 % dauerhaft arm, weitere 42 % haben in diesem Zeitraum Ab- und Aufstiege in und aus Armut erlebt. Armut ist in Deutschland heute also alles Andere als eine gelegentliche Randerscheinung, die man vergessen könnte.

Tatsächlich wird die deutsche Armutsquote im Westeuropa-Vergleich nur von den Euro-Krisenländern sowie Belgien und Großbritannien übertroffen.

Armut macht die Psyche kaputt

Am Beispiel der Hartz-4-Empfänger wurde im Oktober 2013 durch eine neue Studie unter Mitwirkung des bundeseigenen Instituts für Arbeitsmarkt- und Berufsforschung bekannt, wie stark Armut auf die Psyche schlägt. Die darin ausgewerteten Daten der Techniker Krankenkasse für 2006 zeigen, daß schon vor 7 Jahren 22 % der berufstätigen Versicherten eine psychiatrische Diagnose gestellt bekommen hatten. Bezieher von Arbeitslosengeld II - also Hartz IV - waren schon zu 37

% betroffen. Noch brisanter sind die aktuelleren Daten der AOK, nach denen der Anteil von Hartz-IV-Beziehern mit psychischen Problemen an allen Hartz-4-Beziehern der AOK allein zwischen 2007 und 2011 um ein Viertel von knapp 33 % auf über 40 % gestiegen ist.

Armut verkürzt die Lebenserwartung

Der neue Datenreport des Statistischen Bundesamts von 2013 deckt auch auf, welche Folgen Armut für den Gesundheitszustand hat. So haben arme Männer und Frauen ein 2,7- beziehungsweise ein 2,4-fach erhöhtes Sterberisiko. Die mittlere Lebenserwartung von Männern der unteren Einkommensgruppe im Armutsgefährdungsbereich liegt fast 11 Jahre unter jener von Top-Verdienern. Bei Frauen beträgt die Differenz rund 8 Jahre. Dazu Roland Habich vom Wissenschaftszentrum Berlin (WZB), unter dessen Aufsicht der Report entstanden ist: „Überspitzt könnte man die Befunde treffend so charakterisieren: Arme sterben früher." Leider ist das nicht einmal überspitzt, sondern nur die traurige Wahrheit (mehr dazu in Kapitel 6)..

Kinderarmut

Besonders bedrückend ist das hohe Ausmaß an Kinderarmut. Sie prägt das ganze Leben des späteren Erwachsenen und belastet damit auch die gesamte Gesellschaft enorm. Schlimm steht es um die Kinder vor allem, wenn die Mittellosigkeit zu emotionaler Armut der Eltern führt. Dazu Ute Projahn von der Jugendhilfe des Landesverbandes Rheinland: „Viele Eltern kochen nicht regelmäßig, räumen nicht auf und leben vermüllt. Die Kinder werden einfach sich selbst überlassen und der Frust über die finanzielle Lage an ihnen ausgelassen.

Gefährlich ist es, in eine Lethargie zu verfallen, nach dem Motto 'Aus mir wird ja sowieso nichts'." Die Folgen von Kinderarmut können verheerend sein: So rauchen und trinken Kinder aus armen Familien häufiger, sie leiden häufiger unter Fettsucht und Übergewicht, zeigen häufiger Verhaltensauffälligkeiten und neigen eher zu Gewalt.

Über 2,5 Millionen Kinder leben in Einkommensarmut. Das entspricht knapp 19 % aller Personen unter 18 Jahren, also fast jedes fünfte Kind. Besonders Kinder Alleinerziehender teilen das Schicksal des Erziehers.

6. Sichere Renten und Krankenversicherung waren einmal

Sichere und ausreichende Renten und Krankenversicherungen gehören zum Herzstück einer SM. In beiden Bereichen wurde seit den 70er Jahren sozialpolitisch immer wieder neoliberal gewildert.

Die Renten aus der gesetzlichen Rentenversicherung sind die Hauptquelle der Alterseinkommen in Deutschland. Im unterschiedlichen Maße fließen ihnen ergänzend weitere Einnahmen aus der betrieblichen Altersvorsorge und der privaten Altersvorsorge zu. Dazu können noch nach Bedürftigkeitsprüfung Sozialleistungen zur Grundsicherung im Alter und bei dauerhafter Erwerbsminderung und Einnahmen aus selbstständiger und unselbstständiger Arbeit kommen. Wenn man die Verteilung der Einkommenskomponenten am Bruttoeinkommensvolumen der ab 65-Jährigen in Deutschland betrachtet, erweisen sich die Renten aus der gesetzlichen Rentenversicherung mit einem Anteil von insgesamt 65 % als wichtigste Einkommensquelle der älteren Generation[06-1].

Schon seit Langem halten die Deutschen die Sozialrente nicht mehr für sicher und fürchten sich vor Altersarmut. In den Medien werden die deutschen Rentner gern als auf der Sonnenbank sitzend dargestellt, als seien sie ewig glücklich. Doch die heutigen Rentner sind allenfalls „glücklich" dran, wenn man sie mit den Rentnern von morgen vergleicht. Die Sonnenbank soll darüber hinwegtäuschen, daß an verschiedenen Stellen der amtliche Rotstift starke Striche durch unsere Rentenrechnung gemacht hat und nun die Angst vor Altersarmut grassiert. Nach Deutschlandtrend vom Juni 2013 rechnen bereits 46 % der künftigen Rentner mit Altersarmut. Noch besorgter zeigten sich in einer Allensbachumfrage ebenfalls in 2013 die Befragten 1.420 Männer und Frauen zwischen 30 und 59 Jahren: Nur jeder vierte Befragte ging davon aus, im Alter keine finanziellen Sorgen zu haben.

Die Anpassung an die stagnierenden Löhne

Die Renten werden, wenn auch mit Abschlägen, an die Entwicklung der Löhne angepaßt. Die Löhne stagnierten viele Jahre lang und nahmen die Renten als Geiseln. Da es in Deutschland anders als in vielen anderen Ländern weder einen Inflationsschutz durch Indexierung, noch Mindestrenten gibt, traf das besonders kleine Renten schwer.

Die berüchtigte Rentenformel

Die Rentenformel, die zu einer immer weiteren Absenkung der Eingangsrenten und damit auch der Standardrenten führt, ist vor allem das Werk der Rürup-Kommission unter der Schröder-Regierung. Der Wirtschaftswissenschaftler Bert Rürup warnte im August 2003 vor drastisch steigenden Rentenbeiträgen: „Die zukünftigen Kosten der Alterung, die kann man nicht wegdiskutieren, die kann man nicht wegwählen. Man kann nur versuchen, diese real vorhandenen Kosten möglichst beschäftigungsfreundlich und generationengerecht zu verteilen. Und genau das versuchen wir."

Ein Jahr später kam die Rentenreform und darin die Rente mit 67 und vor allem der Nachhaltigkeitsfaktor, der die Renten in Stufen bis 2030 absenkt. Nach Klaus Michaelis vom Sozialverband Deutschland (SoVD) war es seinerzeit gewollt, daß die Rentenerhöhungen niedriger ausfallen als die Lohnerhöhungen. Die Renten wurden so nach unten von der Lohnentwicklung abgekoppelt. Dabei hatte die Rürup-Kommission für das Jahr 2015 mit einem Beitragssatz von 19,6 % gerechnet. Doch der Beitragssatz zuletzt drei Jahre hintereinander abgesenkt und liegt 2015 nur noch bei 18,7 %, und das obwohl die neue Mütterrente zu Lasten der Rentenversicherung geht. Die Voraussetzungen der Rürup-Kommission waren also fehlerhaft, sind aber von der Politik nie korrigiert worden.

Gemessen am letzten durchschnittlichen Arbeitsentgelt war das Netto-Rentenniveau von noch 55 % anfangs der 70er Jahre bis zur Rürup-Kommission schon auf knapp 53 % abgesunken. Doch seitdem geht der Nettowert vor Steuer unter dem Diktat der Rentenformel richtig nach unten. Von knapp 50 % in 2012 soll er bis 2030 noch auf 43 % absinken[06-2]. Die Neurenten für Männer in W-Deutschland haben seit dem Jahr 2000 real schon fast ein Viertel verloren[06-03]. Bei der Standardrente nach 45 Versicherungsjahren sind es um 10 %[06-4].

Bei solchen Berechnungen wird allerdings die amtliche Inflationsrate berücksichtigt, die auf einem für Rentner ziemlich unpassenden, weil viel technisches Schnickschnack, Modeprodukte und Autos enthaltenden Warenkorb aufbaut. Bei Anlegung eines für Sozialrentner typischeren Einkaufsverhaltens haben die Neurentner real schon mehr verloren. Dabei hängt der jüngste Anstieg der Neurentenzahlbeträge damit zusammen, daß Versicherte ihren Rentenzugang zunehmend bis zur Regelaltersgrenze aufschieben, um so der Rentenkürzung wenigstens teilweise entgegen zu wirken.

Ursächlich für den Verlust an Kaufkraft der Renten sind die Nullrunden und Minianpassungen auf der einen Seite und die Inflation und die steigenden Beitragsbelastungen in der Kranken- und Pflegeversicherung auf der anderen Seite. Vor allem ist es das Ergebnis der Kürzungsfaktoren, die mit den Rentenreformen 2001 und 2004 eingeführt wurden und die die Anpassung der Renten immer weiter von der Lohn-entwicklung abkoppeln. Zudem wurde die Beitragsparität in der Kranken- und Pflegeversicherung der Rentner abgeschafft. Heute zahlen die Rentnerinnen und Rentner in der Kranken-versicherung einen zusätzlichen Beitragsanteil von 0,9 % und in der Pflegeversicherung sogar den vollen Beitrag selbst.

Die „Volkssolidarität" warnte in einer Studie zur Renten-absenkung eindringlich vor den Folgen der Rentenkürzungen: „Eine Fortsetzung der bisherigen Rentenabsenkung mittels der Dämpfung der jährlichen Rentenanpassungen führt ab-sehbar zwingend zur existenzbedrohenden Beschneidung der wichtigsten Quelle der heutigen und künftigen Alterseinkom-men. Unter den Bedingungen der Beibehaltung der Abschlä-ge von 3,6 % pro Jahr, der genannten Dämpfungsfaktoren in der Rentenanpassungsformel sowie der eingeschränkten Rentenzugangsbedingungen würde im Jahre 2030 ein Durch-schnittsverdiener 37 Versicherungsjahre benötigen, um einen Rentenzahlbetrag in Höhe der Grundsicherung zu erzielen."

Keine Mindestrenten

Besonders vor Altersarmut müssen sich Menschen im Niedriglohnbereich oder mit langen Phasen von Arbeitslosig-keit fürchten. Das gilt ganz besonders für Frauen, auf die bei-de Übel schon wegen der durch Mutterschaft unterbrochenen

---

Berufsentwicklungen besonders zutreffen. Anders als einige andere Länder, wie z.b. Dänemark, hat Deutschland keine Mindestrenten. Im Ergebnis bezogen Ende 2013 schon eine halbe Million Menschen über 65 Jahre Leistungen der Grundsicherung, weil ihre Rente und andere Einkünfte zum Leben nicht ausreichten.

Rentenkürzung durch späteres Renteneintrittsalter

Ein weiterer Schritt von der SM weg ist die von der Bundesregierung 2007 beschlossene und 2012 begonnene Anhebung des Renteneintrittsalters auf 67 Jahre. Die meisten Menschen scheiden in Deutschland schon weit vor dem neuen Renteneintrittsalter aus dem Arbeitsprozeß aus. Entweder sind sie psychisch ausgebrannt, gesundheitlich invalide oder aus dem Arbeitsmarkt schlicht herausgedrängt. Das durchschnittliche Rentenzugangsalter liegt daher derzeit bei wenig über 61 Jahre. Nach Angaben der Bundesregierung lag die Beschäftigungsquote der 60- bis 64-Jährigen im vergangenen Jahr bei gerade einmal 32 %. Unter solchen Umständen kommt die Verschiebung des Eintrittsalters für die Rente in sehr vielen Fällen schlicht einer Kürzung gleich.

Arme sterben früher

Man darf dabei nicht vergessen, daß die Länge des Rentenbezugs von der Lebenserwartung mitbestimmt wird und die entscheidend vom sozialen Status abhängt. Die hohen Einkommensgruppen haben bei den deutschen Männern 11 Jahre (!) mehr an Lebenserwartung als die niedrigen[06-05]. Ebenso unterschiedlich fällt die Lebenserwartung nach hohen oder niedrigen Renten aus: 5 Jahre (!) mehr oder weniger in W-Deutschland; dabei ist der Unterschied seit 1995 noch deutlich gewachsen[06-6]. Dann gibt es da noch eine Untersuchung des Max-Planck-Instituts für demografische Forschung aus 2013 an Hand der umfangreichen Daten der deutschen Rentenversicherung. Sie zeigen, daß der Abstand an Lebenserwartung von Reichen mit hohen Renten gegenüber Armen mit niedrigen seit Mitte der 90er Jahre immer weiter zugenommen hat. Wer gut verdient hat und eine hohe Rente bezieht, konnte diese Mitte der 90er Jahre gut drei Jahre (Westdeutschland) beziehungsweise sogar dreieinhalb Jahre (Ostdeutschland) länger genießen als Männer, die eine niedrige Rente bekamen. Bis zum Jahr 2008 stieg der Abstand zwischen den beiden Gruppen im Westen um eineinhalb Jahre auf 4,8 Jahre und im Osten sogar um zwei Jahre auf 5,6 Jahre. Das heißt, 65-Jährige mit sehr kleinen Renten durften im Jahr 2008 mit einer Lebenserwartung von weiteren 15 Jahren rechnen. Für gleichaltrige Rentner mit hohen Bezügen ergab sich dagegen eine Lebenserwartung von weiteren 20 Jahren.

Wenn diese ärmeren Rentner demnächst erst später in die Rente gehen dürfen, haben sie daher noch weit weniger von einem arbeitsunbelasteten Lebensausklang als die Besserverdiener. Man kann sogar sagen, sie subventionieren durch ihren früheren Tod die Renten der länger lebenden Besserverdiener. Auch das ist letztlich ein Ergebnis des Abbaus der SM. So ist der Tod längst kein Gleichmacher mehr in Deutschland.

Finanzierung versicherungsfremder Leistungen

In der Gesetzlichen Rentenversicherung existieren zahlreiche versicherungsfremde Leistungen. Hierzu gehören beispielsweise Ersatzzeiten, Renten nach dem Fremdrentengesetz, Anrechnungszeiten, die Höherbewertung der Berufsausbildung und der Sachbezugszeiten, die Rente nach

Mindesteinkommen, abschlagsfreie Renten vor Erreichen des gesetzlichen Renteneintrittsalters oder besondere Regelungen in den neuen Bundesländern. Die Ausgaben für die versicherungsfremden Leistungen in der Gesetzlichen Rentenversicherung werden je nach Abgrenzung auf 58-93 Mrd. Euro geschätzt. Nach einer Untersuchung des Deutschen Instituts für Wirtschaftsforschung von 2002 wurden damals 19 % der Ausgaben der Rentenversicherung für versicherungsfremde Leistungen ausgegeben, die nicht durch die Zuschüsse des Bundes gedeckt waren. Neuere verläßliche Abschätzungen existieren nicht. Die neue Mütterrente ist ebenfalls eine solche versicherungsfremde Leistung. Damit wurde und wird die Rentenversicherung als einer der Anker der SM ausgeplündert.

Internationaler Vergleich

International vergleichen sich die deutschen Renten ohnehin sehr ungünstig. Deutschland hat neben Japan das niedrigste Netto-Rentenniveau bei Renten nach Niedrigeinkommen, von denen vor allem die Frauen betroffen sind[06-7], aber auch bei Durchschnittseinkommen[06-8].

Die Angst vor Altersarmut

Die Angst um die Rentensicherheit ist nach Umfragen von Eurobarometer in Deutschland zurecht größer als in allen anderen Ländern. Nach einer Umfrage des DGB in 2013 rechnen rund 42 % der Beschäftigten in Deutschland nicht damit, daß ihre gesetzliche Rente zum Leben reicht und erwartet nur noch knapp jeder Fünfte der Befragten, daß er im Alter gut oder sehr gut von seiner Rente leben könne. Menschen so in Angst zu halten, höhlt ihre Menschenwürde aus und ist ein Verbrechen der Politik. In einem reichen Land wie Deutschland ist es ein besonders schweres Verbrechen. Da die Rentensenkungen genau die Generationen treffen, die nach dem Krieg im Kindesalter waren und die schweren Jahre des Wiederaufbaues durchlebt und dann erfolgreich mitgestaltet haben, ist eine solche Politik noch weniger vertretbar.

Wie bei den Hartz Gesetzen wurden die systematisch fortschreitenden Rentenkürzungen von der rot-grünen Koalition unter Schröder eingeführt, von einer Partei, die das „Sozial" stolz, wenn auch zu Unrecht im Namen führt. Mit den angeblichen Reformen ist ein weiterer wesentlicher Pfeiler der SM eingeknickt worden. Den Sozialneid auf die Rentner mit Bildern von der Sonnenbank zu schüren und die Generationen gegeneinander zu hetzen, wie es BILD, Spiegel und andere Medien oft getan haben, ist ein geradezu perverser Versuch, von den unübersehbaren Folgen der Rentenentwicklung und einer falschen Sozialpolitik abzulenken.

Altersarmut gleich Pflegearmut

Mit steigender Lebenserwartung steigt besonders ab dem Alter von 80 Jahren die Pflegebedürftigkeit in Deutschland rasant. Mangels SM ist die deutsche Pflegeversicherung völlig unzureichend. Die Pflege eines Menschen vom Pflegeeitritt bis zum Tod kostet bei Frauen durchschnittlich 84.000 Euro, wovon nur 39.000 Euro von der Pflegeversicherung getragen werden, bei Männern 42.000 Euro (21.000 Euro von Versicherung). Menschen, die die höchste Pflegestufe benötigen, bekommen pro Monat 1.550 Euro aus der Versicherung. Das ist weniger als die Hälfte dessen, was eine solche Versorgung in Deutschland durchschnittlich kostet – nämlich 3.250 Euro im Monat.

Das deutsche Gesundheitssystem
krankt an den Gesundheitsreformen

Wie die Renten gehört eine das Gesundheitssystem voll stützende Krankenversicherung zum Kernbereich der SM. Mit einer Welle an Gesundheitsreformen wurde beginnend in 1977 dieser finanzielle Schutz vor den Krankheitskosten immer weiter abgebaut. Gleichzeitig taten die Bundesregierungen sehr wenig, um die ständigen Kostensteigerungen der am Gesundheitssystem Verdienenden wirksam einzuschränken. Seit 1991 sind die Gesundheitskosten der Gesetzlichen Krankenkassen, vor allem bei den Arzneimitteln aber auch bei den Ärzten, in einem ständigen Anstieg begriffen. Der entscheidendere Umstand ist, daß in Deutschland die Kosten von Medikamenten, Ärzten und Krankenhäusern weit weniger reguliert werden als in den meisten anderen Ländern: nach der Bewertung der OECD mit einem Faktor von nur 3,1, während z.B. Schweden einen von 5.3 zugeteilt bekommen hat[06-9]. Nach dem Arzneiverordnungsreport von 2013, der mehr als 700 Millionen Medikamente auswertete, die gesetzlich Krankenversicherte jährlich von ihrem Arzt verschrieben bekommen, sind in Deutschland die Arzneimittelpreise für patentgeschützte Medikamente 31 % höher als in Frankreich, fast 130 % als in Schweden oder Großbritannien und mehr als 40 % als in den Niederlanden. Dabei ist der Abzug des hierzulande geltenden Zwangsrabatts von 16 % bereits berücksichtigt.

Statt diese Kosten in den Griff zu nehmen, wurden die Versicherungsleistungen heruntergefahren. Das Kostendämpfungsgesetz von 1977 führte Arzneimittel-Höchstbeträge und Leistungsbeschränkungen ein, schloß sogenannte Bagatell-Medikamente von der Versicherung aus und führte Zuzahlungen pro Arznei-, Verbands- und Heilmittel ein. Diese Zuzahlungen wurden später mehrfach erhöht. Mit dem Haushalts-

begleitgesetz von 1983 wurden auch die Rentner beitrags-
pflichtig gemacht. Hart zur Sache ging es dann mit der Ge-
sundheitsreform von 1989. Dazu gehörte die Einführung einer „Negativliste" für vom Bundesministerium als unwirtschaft-
lich beurteilte Medikamente. Dazu kamen u.a. eine
Verdoppelung der Klinik-Zuzahlung und eine starke Selbstbeteiligung beim Zahnersatz zwischen 40 und 50 % der Kosten.
Das Sterbegeld wurde gekürzt. Auch wurde die Möglichkeit
einer freiwilligen Weiterversicherung oberhalb einer bestimmten Verdienstgrenze erheblich eingeschränkt.

Weitere Meilensteine immer neuer Gesundheitsreformen
waren: die Einführung der freien Wahl der Krankenkassen und
damit des Wettbewerbs unter den Kassen, Streichung des
Entbindungs- und Sterbegeldes, Einführung der Praxisgebühr
(später aufgehoben), Aufhebung der Parität der Beitragszah-
lung durch höhere Beiträge für Arbeitnehmer als für Arbeitgeber (2004), keine Kostenerstattung für nicht verschreibungs-
pflichtige Arzneimittel.

Besonders wichtig wurde der Beschluß im schwarz-ro-
ten Koalitionsvertrag von 2005, das Gesundheitssystem im
Zusammenwirken privater Krankenversicherungen und öffentlichen Krankenkassen einer verstärkt wettbewerblichen Aus-
richtung zu unterwerfen. Dazu sollte der 2009 eingeführte
Gesundheitsfonds dienen. Beiträge und der Zuschuß aus Steu-
ermitteln werden nicht mehr direkt an die jeweiligen Krankenkassen gezahlt, sondern dem Fonds zugeführt, der dann die
Verteilung übernimmt. Gut wirtschaftenden Krankenkassen
wird gestattet, Prämienrückzahlungen vornehmen, während
schlecht wirtschaftende Zusatzbeiträge erheben können. Damit stehen Kassen mit überwiegend armen, kranken und alten Patienten nun im Wettbewerb mit Kassen, die von überwiegend wohlhabenderen, jüngeren und gesünderen Patienten
profitierten.

Tatsächlich enthüllt der Tätigkeitsbericht des Bundesversicherungsamtes (BVA) von 2013, wie Alte und kranke Versicherte von gesetzlichen Krankenkassen immer wieder diskriminiert werden. Die Kassen benachteiligten Versicherte mit hohem Kostenrisiko oft schon bei der Anwerbung. Auch habe es Versuche gegeben, Ältere oder Kranke aus der Kasse heraus zu drängen. Mitarbeiter einer Krankenkasse hätten sogar versucht, behinderte und chronisch kranke Menschen am Telefon zur Kündigung zu bewegen. Scharfe Kritik übte die Behörde auch an der systematischen „Risikoselektion" bei der Anwerbung von Versicherten. So habe eine Reihe von Krankenkassen mit ihrem Vertrieb Vereinbarungen mit dem Ziel abgeschlossen, vorrangig einkommensstarke und gesunde Versicherte zu akquirieren: „Oft zahlen die Krankenkassen ihrem Vertrieb keine Prämien für das Werben von einkommensschwachen oder kranken Versicherten oder verlangen Prämien zurück, wenn die Neumitglieder höhere Krankheitskosten verursachen als erwartet." Aus Sicht von Verbraucherschützern sind allerdings nicht die Kassen Schuld an der Risikoselektion, sondern die Politik, die die Krankenkassen in den Wettbewerb gezwungen hat.

Trotz derzeit relativ guter Finanzlage versuchen die Kassen auch, ihre Kosten mit fragwürdigen Methoden zu senken. Sie wollen evtl. Zusatzbeiträge unbedingt vermeiden, da die junge, gutverdienende Mitglieder verschrecken und damit einen Wettbewerbsnachteil darstellen würden. Nach in der Öffentlichkeit bekannt gewordenen Daten des Medizinischen Dienstes der Krankenkassen (MDK) führt der Sparkurs dazu, daß Leistungen für Versicherte strenger kontrolliert und häufig nicht bewilligt werden. So bekamen Krankenversicherte in Deutschland 2012 in hunderttausenden Fällen negative Bescheide zu Leistungen wie Krankengeld, Reha oder Hilfsmitteln. Generell sparen die Kassen besonders bei Vorsorgemaßnahmen. So kürzten sie von 2008 bis 2012 die Ausgaben für Anti-Stress-Maßnahmen und Gesundheitsförderung um 30 % auf durchschnittlich 3,41 Euro pro Versicherten und Jahr. Damit lagen sie nur noch knapp über der gesetzlichen Richtmarke von 2,94 Euro. Nach einem internen Vermerk des Gesundheitsministeriums sind von den Kürzungen vor allem „Individualmaßnahmen (Kurse)" für die Versicherten betroffen. Dazu zählen etwa Wirbelsäulengymnastik oder Burnout-Prävention, also ausgerechnet Bereiche, von denen besonders viele Menschen betroffen sind.

Die meisten unserer Volksvertreter haben übrigens keine Ahnung, wie man sich als Kassenpatient fühlt. Die Geschäftsstellen der Fraktionen im Bundestag gingen 2013 davon aus, daß bis zu zwei Drittel ihrer Mitglieder privat versichert waren, während es im Durchschnitt der Bevölkerung nur 10 % sind. Fast alle gesundheitspolitischen Sprecher der Parteien waren privat versichert, ebenso der frühere Gesundheitsminister Daniel Bahr.

Wie bei den Renten ist es also auch bei der Krankenversicherung zu einem Kahlschlag an der SM gekommen. Für sehr viele Menschen im Alter und bei Krankheit ist die Marktwirtschaft damit zutiefst unsozial geworden.

7. Keine Aufwärtsmobilität mehr in diesem Land

Es war einmal ein großer amerikanischer Traum: Armut war kein Schicksal mehr. Man konnte es vom Tellerwäscher zum Millionär bringen, wenn man nur hart arbeitete und etwas Glück hatte. Die Aufwärtsmobilität war die Antidote, die die seit jeher unsozialen und die Gesellschaft immer mehr vergiftenden Verhältnisse mental erträglich machte. Es war ein sehr verbreiteter Traum, obwohl der große amerikanische Komiker George Carlin zurecht sagte, man müsse schlafen, um daran zu glauben: „You have to be asleep to believe it". Auch Deutschland träumte diesen Traum, vielleicht sogar noch intensiver. Denn Aufstiegsmobilität und Chancengleichheit waren quasi heilige Grundsätze der SM, ihr eigentliches Credo und entscheidenstes Element. Die Gleichung ist einfach: je weniger Chancengleichheit, umso weniger SM.

Wenn schon Einkommen und Vermögen sehr ungleich verteilt sind, so muß Jeder eine Chance haben, sich durch eigene Ausbildung und Arbeit aus der Ungleichheit wenigstens teilweise herauszuarbeiten. Doch mit dem Abbau der SM ist die deutsche Gesellschaftsstruktur nun total verkrustet.

Der beruhigende Gesang von der Chancengleichheit ist dennoch ständig auf den Lippen von Regierung und Medien. So will Bundeskanzlerin Merkel „die Bildungspolitik zur Chefsache machen; unter dem Motto ‚Bildung für alle' soll mehr Menschen der soziale Aufstieg ermöglicht werden." Oder:„Bundeskanzlerin Merkel hat mehr Toleranz und Chancengleichheit in deutschen Unternehmen angemahnt." Oder Merkel: „Wir müssen die Bildungsrepublik Deutschland werden. Nur eine ausreichende Bildung schafft die Voraussetzung für Chancengleichheit für Kinder unterschiedlicher sozialer oder geografischer Herkunft." Oder Merkel: „Die Koalition wird sich nicht mit einer Spaltung der Gesellschaft abfinden. Ziel sei es, Grundlagen zu schaffen, daß Kinder von Anfang an ihre Chance bekämen." Die Verbindung von Merkel und Chancengleichheit bringt besonders reichen Google-Ertrag. Aber auch Bundespräsident Joachim Gauck in seiner Antrittsrede im März 2012: „Wir dürfen nicht dulden, daß Kinder ihre Talente nicht entfalten können, weil keine Chancengleichheit existiert. Die Menschen dürfen nicht den Eindruck gewinnen, der Aufstieg sei ihnen selbst dann verwehrt, wenn sie sich nach Kräften bemühen."

Doch Deutschland ist seit den 70er Jahren in ständiger Annäherung an die Verhältnisse in den USA zu einem der aufstiegsunfreundlichsten Länder verkommen. Das deutsche Schulsystem ist heute bestenfalls Mittelklasse und schafft einzig in der Welt mehr Absteiger als Aufsteiger. Geldbeutel und soziale Herkunft der Eltern sind für schulischen Erfolg und dementsprechend berufliche Entwicklung die wichtigsten Kriterien. Wollten nach einer Analyse von Steffen Schindler für die Vodaphone Stiftung Mitte der 70ger Jahre 80 % der Studienberechtigten aus bildungsfernen Familien an eine Hochschule, sind es heute weniger als 50 %. Der Wert sank zwar auch bei Familien aus dem Bildungsbürgertum, allerdings nur von 90 auf 80 %. Am anderen Ende sind die Einkommensklassen fest zementiert und aufstiegsundurchlässig.

In einer Meinungsumfrage von Infratest dimap im Auftrag von REPORT MAINZ wurden 1000 Bundesbürger nach ihrer Meinung zu den Aufstiegschancen in Deutschland befragt. Bundesbürger, die sich eher zu den unteren Schichten zählen, sehen die Möglichkeiten aufzusteigen besonders kritisch. Die Umfrage zeigt, daß 68 % von ihnen die Aufstiegschancen in Deutschland als weniger oder gar nicht gut empfinden. Nur 29 % bezeichnen sie als sehr gut oder gut. Ähnlich glauben nach der PEW-Umfrage von 2013 nur noch 28 %, daß es ihren Kindern einmal besser gehen werde als ihnen selbst.

Dazu der Soziologe Prof. Michael Hartmann: „Die Wahrscheinlichkeit, daß man in dem gesellschaftlichen Bereich bleibt, in dem man groß geworden ist, ist deutlich gestiegen. Die Chancengerechtigkeit ist seit der Jahrtausendwende deutlich rückläufig. Wenn man in den 60er und 70er Jahren noch relativ häufig erlebt hat, daß Personen aus den unteren Schichten aufgestiegen sind, ist das heute nur noch eine Ausnahme. Im internationalen Vergleich entfernt man sich immer weiter von Ländern mit hoher Chancengerechtigkeit, wie etwa den skandinavischen, und nähert sich Großbritannien oder den USA an." Auch die deutschen Schullehrer glauben nicht an gleiche Chancen im deutschen Schulsystem. Nach der Untersuchung des Instituts für Demoskopie Allensbach im Auftrag der Vodafone Stiftung vom April 2013 glauben fast zwei Drittel der befragten Lehrer, daß Chancengerechtigkeit an deutschen Schulen „gar nicht gut" oder „weniger gut" verwirklicht ist.

Ein aufstiegsfeindliches Schulsystem

In einer stark unter Kindermangel leidenden Gesellschaft, wie besonders der deutschen, kommt es umso mehr darauf an, alle Bildungsreserven zu mobilisieren. Das geschieht indessen immer weniger. Bildungs- und beruflicher Erfolg hängen immer mehr von der Art des Elternhauses ab. Das deutsche Schulsystem ist auf Absteigen statt Aufsteigen eingerichtet. Hat man vergessen, daß der Kampf um wirtschaftlichen Wohlstand und relative Vorteile im internationalen Wettbewerb, vor allem mit Asien, verstärkt über Investitionen ins Bildungssystem stattfindet?

Nach einer im Januar 2013 veröffentlichten Studie des deutschen Instituts für Wirtschaftsforschung (DIW) hängen die unterschiedlichen Bildungserfolge der Menschen in Deutschland zu mehr als 55 % von ihrem Elternhaus ab. Auch die Ungleichheit zwischen den individuellen Arbeitseinkommen läßt sich zu etwa 40 % durch den Familienhintergrund erklären. Im internationalen Vergleich ist danach das Maß an Chancengleichheit in Deutschland erschreckend gering. Deutschland steht auf einer Stufe mit den Vereinigten Staaten am unteren Ende der Skala für Chancengleichheit. Am anderen Ende der Skala rangiert Dänemark, wo maximal 20 % der Ungleichheit der Arbeitseinkommen auf familiäre Einflüsse zurückgehen. Dabei hat das DIW anstatt Eltern und Kinder zu vergleichen, analysiert, wie ähnlich sich Geschwister sind. Wenn ein substanzieller intergenerationaler Zusammenhang vorliegt, sollten sich zwei Geschwister deutlich ähnlicher sein als zwei zufällig ausgewählte vergleichbare Individuen. Der Effekt des Familienhintergrundes wird also indirekt gemessen und dabei auch dem Einfluß genetischer Dispositionen von Talenten und Fähigkeiten innerhalb einer Familie Rechnung getragen.

Zu einem ähnlichen Ergebnis kommt eine Allensbach-Studie von 2011, wonach 77 % der Kinder, deren Eltern selbst Abitur gemacht haben, ein Gymnasium besuchen. Bei Kindern, deren Eltern eine einfache Schulbildung haben, sind es dagegen nur 29 %. Ähnlich heißt es im 4. Armuts- und Reichtumsbericht der Bundesregierung, wer aus einem ungelernten Haushalt stamme, hätte ein erhöhtes Risiko, selbst ungelernt zu bleiben. 31 % dieser Kinder verblieben in der Position des Vaters. Für diejenigen, die nicht in einer ungelernten Familie aufwachsen, betrage der Vergleichswert 14 %.

Nun hat auch die OECD in ihrer neuen Kompetenzstudie von 2013 den Unterschied in der Lesefähigkeit zwischen Erwachsenen mit Eltern ohne Oberschulabschluß und solchen mit Eltern, von denen mindestens ein Teil Universitätsabschluß hat, international verglichen. Nirgendwo, außer in USA ist der Unterschied so groß wie in Deutschland[07-1]. Da also Eltern mit wenig Bildung in Deutschland durchschnittlich oft zu Kindern mit wenig Bildung führen, hat sich dieser Effekt, demgegenüber das deutsche Schulsystem versagt, über die Jahre verstärkt.

Eine aktuelle Studie der Bertelsmann Stiftung bestätigt den Befund: „Die Dynamik absoluter Aufwärtsmobilität scheint deutlich erlahmt zu sein. Dies bedeutet, dass die Mitte nicht mehr aus dem Zustrom von Aufsteigern wächst." Diese Studie führt vor, wie deutsche Schulen doppelt so viele Absteiger wie Aufsteiger produzieren. So wurden im Schuljahr 2010/2011 50.000 Schüler auf eine niedrigere Schulform geschickt, nur 23.000 auf eine höhere. In der Sprache der Bildungsbürokratie heißt das dann „Abschulung". Das deutsche Schulsystem ist also vor allem in eine Richtung durchlässig: nach unten. Kinder aus bildungsfernen Familien schaffen es in Deutschland viel seltener ans Gymnasium und ins Studium als Mitschüler aus dem Bildungsbürgertum.

In den meisten OECD-Ländern ist die intergenerationale Bildungsmobilität nach oben hin stärker ausgeprägt als nach unten - anders ausgedrückt: Der Anteil der jungen Erwachsenen, die ein höheres Bildungsniveau erreichen als ihre Eltern, ist höher als der Anteil der jungen Erwachsenen, die ein geringeres Bildungsniveau erreichen. In Deutschland ist dies jedoch nicht der Fall: 20 % der 25- bis 34-Jährigen, die nicht mehr an Bildung teilnehmen, ist es dort gelungen, ein höheres Bildungsniveau zu erreichen als ihre Eltern, wohingegen 22 % dieser Altersgruppe ihre Ausbildung mit einem niedrigeren Niveau abgeschlossen haben. Im OECD-Vergleich mit einem Durchschnitt an Aufwärtsmobilität von 37 % gegen Abwärtsmobilität von nur 13 % belegt Deutschland den ungünstigsten Platz[07-2].

Vor allem ist das deutsche Grundschulsystem, das für die Entwicklung der sozial Benachteiligten so große Bedeutung hat und in dem die Weichen für die späteren Bildungskarrieren bis zur Hochschulreife gestellt werden, notorisch unterfinanziert. Dies hat zur Folge, daß in Deutschland die Klassen größer sind, mehr Schüler auf eine Lehrkraft kommen[07-3] und die Schüler auch weniger Unterrichtsstunden haben, besonders zwischen 7 und 8 Jahren.

Im internationalen Wettbewerb werfen die meisten Länder steigende Mittel in die Bildung. 1995 gab Deutschland 5,1

% seines BIP für Bildung aus und hat diesen Anteil bis 2011 nicht weiter gesteigert. Die meisten anderen Länder haben dagegen je Schüler real deutlich mehr zugelegt. So lag Deutschland bei den Bildungsausgaben 2011 nur noch auf dem vorletzten Platz unter westlichen Ländern[07-4].

Die neudeutsche Knauserigkeit bei der Finanzierung der Bildung ist ein wichtiger Teil des Abbaus der SM. Dabei waren Bildung und Chancengleichheit ein besonders wichtiger Pfeiler der SM. Man kann diese Entwicklung kaum perverser orten als in den Versuchen mehrerer Bundesländer, über Zeitverträge, die oft sogar während der Schulferien unterbrochen werden, Geld an den Lehrern zu sparen. Nach Feststellungen der Gewerkschaft Erziehung und Wissenschaft gibt es beispielsweise in Hessen rund 6.000 Zeitverträge für Lehrer, doppelt so viele wie noch 2003.

Im Gegenzug nehmen Privatschulen und Privatuniversitäten für die, die bezahlen können, immer mehr zu. Die bildungsbürgerlichen Schichten schicken ihre Kinder vermehrt auf Privatschulen und vertiefen damit die soziale Kluft[07-5].

Eine verkrustete Gesellschaft

Was ist aus der Aufstiegsmobilität, in USA und Europa und besonders in Deutschland geworden? Das amerikanische Mobility Projekt hat festzustellen versucht, in wieweit der amerikanische Traum der Aufwärtsmobilität von Eltern zu Kindern noch den Fakten entspricht und kommt dabei zu einem für die USA bedrückenden Ergebnis: Männer in den 30ern verdienen heute weniger als Männer der gleichen Altersgruppe in der Generation der Väter. Zweites Ergebnis: Bis auf Kanada sind die vier skandinavischen Länder weit besser dran als die anderen untersuchten, auch als Deutschland. So haben in Dänemark die Söhne fast die gleichen Einkommenschancen egal, aus welcher sozialen Schicht sie kommen.

7. Keine Aufwärtsmobilität mehr

In seinem Jahresgutachten von 2009 beschreibt der Sachverständigenrat zur Begutachtung der gesamtwirtschaftlichen Entwicklung die deutsche Situation: „Neben den zeitpunktbezogenen Vergleichen der Vermögen verschiedener Gruppen in den Jahren 2002 und 2007 ist von Bedeutung, wie viele Personen ihre Vermögensposition in diesem Zeitraum beibehalten beziehungsweise verändert haben. Insbesondere am oberen Rand der Vermögensverteilung sind die Positionen stabil: 62 % der Personen, die im Jahr 2002 zu den vermögendsten 10 % gehörten, zählten auch im Jahr 2007 zu dieser Gruppe. Weitere 19 % waren aus der bereits zweitvermögendsten Gruppe hinzugestoßen." Das heißt mit anderen Worten: In Deutschland ist angesichts des festgefahrenen obersten Fünftels die Aufstiegsmobilität stark ausgebremst[07-6].

Eine weitere Studie des DIW vom November 2013 bringt noch mehr Klarheit in die Situation. Die Einkommensmobilität an den Rändern hat seit Mitte der 90er Jahre erheblich abgenommen. So befanden sich 44 % der im Jahr 1994 einkommensarmen Personen im Jahr 1997 noch in der gleichen Position. Im Zeitraum von 2008 bis 2011 ist der entsprechende Anteil auf 54 % gestiegen. Auch am oberen Rand der Einkommenshierarchie nahm die Mobilität ab: Personen mit einem Einkommen von 200 % und mehr des Median verblieben zwischen 1994 und 1997 nur zu 59 % in ihrer Einkommensklasse, seit 2004 trifft dies bereits auf 65 % zu. Insgesamt entwickelte sich – so das DIW - die Wahrscheinlichkeit, am Ende eines Vierjahreszeitraums zur gleichen Einkommensgruppe zu gehören wie zu Beginn, bei von Armut bedrohten Personen in den 90er Jahren zunächst nahezu konstant. Um die Jahrtausendwende stieg sie jedoch sprunghaft an und liegt seitdem bei rund 55 bis 60 %. Bei den Personen der höchsten Einkommensgruppe verläuft die Entwicklung gleichmässiger; hier nahm die Verharrungsquote auf zuletzt 65 % zu. Nach DIW liegen Hinweise vor, daß steigende Lohn-Ungleichheit mit dem Trend geringerer Lohn-Mobilität einhergeht. Die OECD hat ebenfalls herausgefunden, daß bei wachsender Ungleichheit die unteren 40 % der Gesellschaft nicht etwa mit größeren Anstrengungen mitzuhalten versuchen, sondern weiter zurückfallen, weil sie sich die Investitionen in die Bildung nicht mehr leisten können. So sinke in dieser Schicht die Zahl der Uni-Absolventen und die durchschnittliche Ausbildungszeit verringere sich um ein halbes Jahr. Je größer die Ungleichheit umso mehr fallen beispielsweise die Ergebnisse von Schülern, deren Eltern aus einem niedrigen Bildungshintergrunde kommen.

8. Eine unsoziale Steuerpolitik als Abrißbagger

Die Steuerpolitik hat ihre ursprünglich in der SM angelegte sozialpolitische Umverteilungsfunktion immer mehr verloren. So wurden der Spitzensteuersatz der Einkommenssteuer und die Unternehmenssteuern schrittweise abgesenkt, der niedrige Satz der Abgeltungssteuer für Zinseinnahmen eingeführt und die Vermögenssteuer beseitigt sowie zahlreiche Schlupflöcher legal zulässig gehalten. Gleichzeitig wurde die Steuerlast von den direkten, vom Einkommen abhängigen Steuern zunehmend auf die dafür eigens in mehreren Schritten angehobene Mehrwertsteuer hinübergeschoben, die in ihrer Wirkung weniger sozial ist.

8. Eine unsoziale Steuerpolitik als Abrißbagger

Die Bundesregierung könnte den Umverteilungseffekt wieder verstärken. Dafür sieht beispielsweise die OECD die Möglichkeit, die Einkommenssteuer progressiver zu gestalten. Auch Maßnahmen zur Eindämmung der Steuerflucht, die Abschaffung von Steuererleichterungen für Besserverdienende oder der Ausbau von Steuern auf Vermögen und Grundbesitz könnten zu einer besseren Umverteilung von Einkommen beitragen. Staatliche Transferzahlungen seien - so die OECD - wichtiger als je zuvor, um die anhaltenden - und durch die Rezession oft verschärften - Verluste für Menschen mit niedrigem Einkommen auszugleichen. Doch sehr wenig davon geschieht.

Praktisch gilt seit einigen Jahren die Steuer-Vorfahrt für Unternehmen und Vermögen. Durch immer weitere Absenkungen wurden die Unternehmenssteuern in den Keller getrieben. Daneben wuchern die Steueroasen, die den davon Gebrauch machenden Unternehmen weitgehende Steuerfreiheit verschaffen. Auch die Steuer auf Vermögen/Erbschaften ist in Deutschland besonders niedrig. Unternehmenserben sind bisher völlig von der Erbschaftssteuer befreit, wenn sie das Unternehmen weiter führen. All dies trägt erheblich zu der sich in Deutschland ausbreitenden Ungleichheit bei.

Unternehmenssteuern

Wie in anderen Ländern wurden auch in Deutschland die Unternehmenssteuersätze immer weiter abgesenkt. Betrug der Steuersatz auf Gewinne der Kapitalgesellschaften ursprünglich fast 57 %, so liegt er bereits seit 2009 bei nur noch knapp 30 % (einschließlich Gewerbesteuer[08-1]).

Der deutsche Steuersatz rangierte 2013 im oberen Mittelfeld des internationalen Vergleichsfeldes[08-2] (ohne Osteuropa). Doch tatsächlich hatte Deutschland 2012 mit nur 1,8

% den kleinsten Anteil der Einnahmen aus Unternehmenssteuern am BIP aller Vergleichsländer der OECD, wenn man vom Sonderfall Norwegen und von Griechenland absieht[08-3] und ebenso gemessen am Gesamtsteuereinkommen[08-4]. Schon das deutet auf Lücken in der Erfassungsbasis hin. Z.B. können sich Unternehmen mit Fremdkapital finanzieren, das sie sich vom eigenen Konzern im Ausland leihen; die dafür fälligen Zinszahlungen können sie in Deutschland dann von ihren Steuern absetzen. Die Bundesregierung weist selbst darauf hin, daß bei Vergleichen der Steuersätze einige in Deutschland geltende Regelungen, z.B. zur Verlustanrechnung, unberücksichtigt bleiben.

Der Wiesbadener Steuerexperte Prof. Jarass hat schon vor einigen Jahren auch die sehr viel geringere effektive Steuerbelastung der deutschen Kapitalgesellschaften errechnet, wenn man die tatsächlich gezahlten Steuern mit den Gewinnen vergleicht[08-5].

Steueroasen

Nach Schätzung des "Tax Justice Network" gehen in Deutschland jährlich etwa 215 Mrd. Euro an Steuereinnahmen durch verschiedene Formen von Steuerflucht der gesamten Schattenwirtschaft (nicht nur in Steueroasen) verloren. Das wären 6 % der jährlichen Wirtschaftsleistung oder 38 % der jährlichen Steuereinnahmen. Man kann den Steuerausfall durch die Steueroasen selbst nur über den dicken Daumen schätzen. Dort lagen nach einer anderen Schätzung aus der gleichen Quelle 2012 zwischen 21 und 32 Billionen Dollar, fast das Zehnfache der jährlichen deutschen Wirtschaftsleistung. Ein nicht kleiner Anteil wird aus Deutschland kommen.

Allein für die Euro-Zone schätzt die Europäische Kommission den Steuerausfall auf über eine Billion Euro jährlich.

8. Eine unsoziale Steuerpolitik als Abrißbagger

Nach einer für die WDR-Sendung "Steuerfrei: Wie Konzerne Europas Kassen plündern" 2013 in Auftrag gegebenen Studie gelingt es vielen der 30 größten deutschen Aktiengesellschaften ebenfalls erfolgreich, ihre Steuerlast klein zu rechnen - mit Hilfe von Tausenden von Tochterunternehmen in Steueroasen. Beraten werden die Konzerne von den vier weltweit größten Wirtschaftsprüfungsgesellschaften. Ganze Abteilungen dienen eigens dem Zweck, immer neue Steuerschlupflöcher zu finden. „Wir gestalten die Steuersparmodelle so, daß die Finanzbeamten sie kaum durchschauen können. Sie sind uns hoffnungslos unterlegen", berichtet eine ehemalige Mitarbeiterin. Zumeist werde den Konzernen sogar vorher mitgeteilt, was geprüft wird, berichtet ein Finanzbeamter.

Allein die ganz amtlich, wenn auch nur in anonymen Summen, an die Bank für Internationalen Zahlungsausgleich meldenden Banken der Industrieländer haben Forderungen gegen Offshore Territorien im Volumen von 2,1 Billionen Dollar oder 120.000 Dollar pro jeden der 17 Mio. dortigen Einwohner. Für jeden der nur 55.000 Einwohner der Caymans Inseln, der größten Steueroase, sind es sogar 17 Mio. Dollar.

Bei Steueroasen denken normale Menschen immer an die Schweiz, Luxemburg und einige unabhängige karibische Inselstaaten. Tatsächlich aber sind Länder wie USA, Großbritannien und neuerdings zunehmend Singapur viel wichtigere Steueroasen für reiche Unternehmen und Einzelpersonen. Die beiden „Haupt-Inselchen" für Schutz vor Steuer und Kontrolle sind wahrscheinlich Manhattan und London.

Vermögens- und Erbschaftssteuer

Die Einnahmen aus vermögensbezogenen Steuern, nämlich Grundsteuer, Erbschaftssteuer, Kapitalverkehrssteuer und der im Jahr 2000 aufgegebenen Vermögenssteuer, wurden immer weiter zurückgeführt[08-6]. Mit dem Abtritt der ersten Nachkriegs-Wohlstandsgeneration wird nun immer mehr Vermögen vererbt und werden immer mehr Menschen durch Erbschaft statt durch eigene Leistung zu Wohlstand kommen. Seit einigen Jahren steigt das Geldvermögen der privaten Haushalte deutlich stärker als die deutsche Wirtschaftsleistung insgesamt. Immer mehr wird vererbt oder - auch um die Erbschaftssteuer zu vermeiden - vorzeitig verschenkt. Nach Mitteilung des Statistischen Bundesamts erhöhte sich das in Deutschland geschenkte Vermögen seit Inkrafttreten des Erbschaftsteuerreformgesetzes im Jahr 2009 bis 2013 auf mehr als das Dreifache, das geerbte Vermögen wuchs in diesem Zeitraum um rund 42 %. Die Gesamtsumme entspricht immerhin schon 9 % aller Nettolöhne und -gehälter in Deutschland. Durchschnittlich entfiel darauf eine Steuer von gerade einmal 8 %.

Der französische Wirtschaftswissenschaftler Thomas Piketty hat mit seinem Aufsehen erregenden Buch "Kapital im 21. Jahrhundert", das die immer stärkere Kapitalakkumulation darstellt, auch auf die Bedeutung der Vererbung von Kapital, gerade in einer alternden Gesellschaft, wie der deutschen, aufmerksam gemacht. Er erwartet, daß die Vererbung von Kapital im 21. Jahrhundert bei der Entwicklung von Ungleichheit wieder so bedeutend sein wird, wie sie das im 19. Jahrhundert war. Diese Entwicklung werde von der sich abzeichnenden Wachstumsverlangsamung der Volkswirtschaften noch unterstützt. Im Ergebnis seiner Studien fordert Piketty eine globale und progressive Reichtumssteuer.

Die direkten Erben profitieren in Deutschland von relativ hohen Freibeträgen von 400.000 Euro pro Kind, verglichen mit 100.000 Euro in Frankreich, 16.000 Euro in Spanien und nur knapp 20.000 Euro in den Niederlanden, und auch von der

8. Eine unsoziale Steuerpolitik als Abrißbagger

Steuerbefreiung für Unternehmenserben, die es anderswo nicht gibt (andererseits ist Erben in Australien, Österreich, Kanada, Portugal und Schweden überhaupt steuerfrei). So erbrachte die Erbschaftssteuer 2014 nur 0,9 % des gesamten deutschen Steueraufkommens. Nicht ganz zu Unrecht ist schon die Bemerkung von einer "Refeudalisierung" der deutschen Gesellschaft durch immer mehr vererbtes statt direkt verdientes Vermögen gefallen. Anders als beispielsweise in den USA und in Großbritannien ist diese Entwicklung in Deutschland kaum ein Thema für öffentliche Diskussionen. Das Gerede der Politiker von den gleichen Startbedingungen oder Entwicklungschancen wird so immer mehr ausgehöhlt, zumal die deutsche Politik gleichzeitig massiv an der Bildung spart und auch von dieser Seite die Chancengleichheit absenkt.

Es sollte daher nicht überraschen, daß Deutschland (zusammen mit Österreich) im internationalen Vergleich den niedrigsten Anteil von Einnahmen aus vermögensbezogenen Steuern gemessen am BIP und auch an den Gesamtsteuereinnahmen verzeichnet[08-7,08-8]. Das niedrige Niveau an vermögensbezogenen Steuern beschleunigt die Entwicklung zu immer mehr Ungleichheit in der Einkommens- und Vermögensverteilung in Deutschland.

Steuerbefreiung für Unternehmenserben

Es ist eine ziemlich einsame deutsche Regelung, die erst 2008 eingeführt wurde: Unternehmenserben zahlen keinerlei Erbschaftssteuer, wenn sie das Unternehmen weiterführen. Zu den befreiten Unternehmen rechnen sogar sogenannte "Cash-GmbHs", deren Vermögen ausschließlich aus Geldforderungen besteht, was zu einer steuerlichen Privilegierung von Geldvermögen in einem ausschließlich vermögensverwaltenden Unternehmen führt. Die generelle Befreiung von

8. Eine unsoziale Steuerpolitik als Abrißbagger

Unternehmenserben steht im Widerspruch zur Bedeutung der Erbschaftssteuer als eines der wenigen staatlichen Instrumente zur Bekämpfung von Ungleichheiten in der Gesellschaft. Deshalb hat das Bundesverfassungsgericht der Bundesregierung im Dezember 2014 aufgegeben, die Befreiung einzuschränken und damit gerechter zu machen. Nach Ansicht des Gerichts ist die Privilegierung betrieblichen Vermögens unverhältnismäßig, soweit sie über den Bereich kleiner und mittlerer Unternehmen hinausgreift, ohne eine Bedürfnisprüfung vorzusehen. Die in der Entscheidung entwickelten Maßgaben sollen dazu beitragen, daß Verschonungsregelungen nicht zur Anhäufung und Konzentration größter Vermögen in den Händen Weniger führen. Finanzminister Schäuble strebt jetzt eine deutliche Ausweitung der Steuerpflicht von Unternehmenserben an. Die Wirtschaft läuft dagegen Sturm. Auch aus Teilen der Union - besonders der CSU - kommt Kritik. Doch neuerdings versucht auch SPD-Chef Gabriel, ihn zu bremsen. Er hat sich mit führenden Familienunternehmern in Stuttgart getroffen und vereinbart, daß ihm die "Stiftung Familienunternehmen" ein Alternativkonzept vorlegen wird. Daß sich gerade die SPD der Unternehmenserben so annimmt, ist symptomatisch für diese Partei und ein besonderer Skandal.

Die Steuerstruktur

Deutschland hat neben Österreich den niedrigsten Anteil von Steuern auf Unternehmensgewinne und Vermögen. Auf der anderen Seite kommt Deutschland auf den höchsten Anteil von Steuern auf privates Einkommen und Sozialversicherungsbeiträge[08-9]. So trägt in Deutschland eine Einzelperson ohne Kinder gemessen am Arbeitseinkommen eine relativ hohe Steuerlast[08-10], einschließlich Sozialversicherungsbeiträgen nach Belgien sogar die höchste, wozu auch die Altersstruktur beiträgt[08-11]. Hier zeigen sich die unsozialen Folgen der steuerlichen Großzügigkeit in der Behandlung von Unternehmensgewinnen und Vermögen. Dabei ist zu berücksichtigen: Auch die Einkommenssteuer wurde unsozial verändert, indem der Spitzensteuersatz von 56 % in mehreren Schritten auf nur noch 45 %, und bei Kapitalerträgen sogar auf 25 % immer weiter abgesenkt wurde[08-12].

Die Reichen zahlen nicht den Löwenanteil an Steuern

Die immer wieder gern in den Medien verbreitete Behauptung, die Reichen zahlten den Löwenanteil der Steuern, indem ein Viertel der Steuerpflichtigen 80 % der Einkommensteuer zahle, ist in mehrfacher Hinsicht falsch und irreführend. Denn erstens erbrachte die Einkommenssteuer 2011 nur 41,7 % des gesamten Steueraufkommens. Der größere Teil des Steueraufkommens sind indirekte Steuern auf den Verbrauch, die viel gleichmäßiger verteilt sind[08-13]. Und zweitens bezieht sich der Steueranteil auf die tatsächlich abgeführten, nicht aber auf die hinterzogenen oder durch legale Schlupflöcher vermiedenen Steuern.

9. Frauen, Mütter und die Demographie

Wo das Kapital alles für maximalen Profit auszubeuten versucht, bleibt auch die Arbeitskraft der Frauen nicht verschont. Sie tragen unter dem Verlust an SM besonders schwer.

Zur Beschäftigungssituation der Frauen

So genannte atypische Jobs sind zu einer Domäne der Frauen geworden. Zwar ist die Erwerbstätigkeit der Frauen über die letzten Jahre von 55 % auf fast 70 % stetig gestiegen. Doch nur noch eine Minderheit wird normal vollzeitig beschäftigt und mit über 35 % steckt weit mehr als ein Drittel der abhängig beschäftigten Frauen in einem sogenannten atypischen Job, wozu Teilzeitbeschäftigungen bis zu 20 Arbeitsstunden pro Woche, geringfügig entlohnte Beschäftigungen, befristete Beschäftigungen sowie Zeitarbeitsverhältnisse zählen[09-1]. 1991 lag der Anteil noch bei 24 %[09-1]. Nicht weniger als 4,6 Mio. Frauen leben ausschließlich oder im Nebenjob von geringfügiger Entlohnung[09-3].

Während die Vollzeit-Normalbeschäftigung von Frauen zwischen 1991 und 2013 um 14 % gefallen ist, stieg die atypische Beschäftigung mit mehr als 68 % stark an, darunter vor allem Teilzeit- und befristete Beschäftigung[09-4], und wuchs die geringfügige Beschäftigung mit einem Plus von fast 350 % besonders stürmisch[09-5]. Ein großer Teil des angeblichen deutschen Jobwunders erklärt sich auf diese Weise.

Die Teilzeitquote ist bei den Frauen über diese 12 Jahre auf 44 % gestiegen. Doch jede Siebente der 6,8 Millionen teilzeitbeschäftigten Frauen geht der Teilzeitbeschäftigung unfreiwillig nach und möchte länger arbeiten. Im Internationalen Vergleich gehört Deutschland nach erheblichem Zuwachs der Teilzeitbeschäftigung zu den Ländern mit dem geringsten Anteil an Vollzeitbeschäftigung in W-Europa[09-6]. Der Anteil von Teilzeitbeschäftigung liegt bei Müttern mit Kindern mit 70 % besonders hoch. In kaum einem anderen Land Westeuropas wird ein so hoher Anteil von Frauen wegen der Betreuung von Kindern und Angehörigen in Teilzeit gezwungen wie in Deutschland[09-7].

Frauen sind viel öfter als Männer nur befristet beschäftigt. Die befristeten Verträge haben seit 1991 um 39 % zugenommen. Bei Neueinstellungen sind Frauen nach parlamentarischer Auskunft der Bundesregierung von 2014 inzwischen zu 47 % befristeten Verträgen unterworfen (Männer 38 %). In weiblich geprägten Erziehungsberufen sind sogar 2 von 3 Neu-einstellungen befristet, bei den Gesundheits- und Sozialberu-fen ist es eine von zwei.

Frauen arbeiten auch häufiger zu Niedriglöhnen: Fast 30 % erhielten 2011 einen Stundenlohn unter 9,14 Euro (bei den Männern dagegen nur 18,6 %). Dabei stellen die Frauen mit 54,5 % die Mehrheit der Hartz IV-Aufstocker - obwohl sie mit 46 % nicht mal die Hälfte der Erwerbstätigen ausmachen[09-8].

Deutschland ist Spitze bei der Lohn- und Renten-diskriminierung der Frauen

Der Verdienstabstand zwischen Frauen und Männer stag-niert seit 2006 vor allem wegen des Aufwuchses atypischer Beschäftigung bei 22 bis 23 %[09-9]. Unter 17 vergleichbaren Ländern hat Deutschland neben Österreich den größten Unterschied[09-10]. In den Branchen mit dem größten Beschäftigungszuwachs von vollzeitbeschäftigten Frauen liegen die Verdienste besonders deutlich unter dem allgemeinen Durchschnittsverdienst. Es ist schon erstaunlich, wie sich dieser Verdienstabstand gerade in Deutschland unverändert hält.

Die Diskriminierung setzt sich bei den Renten noch er-heblich verstärkt fort. Dabei sind vor allem alleinstehende Frau-en mit fast drei Vierteln ihres Einkommens stark auf die staat-liche Rentenversicherung angewiesen[09-11]. Der durch-schnittliche Rentenzahlbetrag liegt bei 537 Euro pro Monat; bei Männern sind es dagegen 81 % mehr. Dabei ist die Schich-tung bei den Frauen extrem ungünstig und läßt einen großen Teil mit weniger als dem Durchschnitt zurück[09-12]. Der Anteil der Versichertenrenten an Frauen mit Zahlbetrag unterhalb des durchschnittlichen Bruttobetrags in der Grundsicherung im Alter ist von 56 % 2003 auf 68 % in 2011 hochgestiegen[09-13].

Die Rente der Frauen fällt zwischen kinderlosen und solchen mit Kindern und dann nach der Kinderzahl deutlich[09-14].

Selbst nach Berechnungen des Bundesministeriums für Arbeit und Soziales, die 2012 bekannt wurden, müssen Millionen Frauen trotz harter Arbeit fürchten, im Alter arm zu werden. Deren Rente liegt selbst nach 45 Arbeitsjahren weit unter dem Niveau von Hartz IV. Eine Minijobberin, die ein Jahr lang tätig ist, bekäme demnach eine monatliche Rente von 3,11 Euro. Nach 45 Versicherungsjahren beträgt der Anspruch auf Altersgeld 139,95 Euro im Monat. Nur minimal besser sehen die Zahlen des Ministeriums aus, wenn die Minijobberin den pauschalen Rentenbeitrag des Arbeitgebers in Höhe von 15 Prozent auf die üblichen 19,6 Prozent aufstockte. Nach 45 Versicherungsjahren betrage der Rentenanspruch dann 182,70 Euro, für je ein Jahr sind es etwas mehr als vier Euro Rente. An diesem enormen Mißstand wird die neue Mütterrente wenig ändern, solange Niedriglöhne, Arbeitslosigkeit und prekäre Beschäftigung weiter große Lücken in die Rentenbiografien reißen. Das gilt umso mehr, als die Mütterrente auf die Grundsicherung im Alter angerechnet wird.

Im internationalen Vergleich der Alterssicherungseinkünfte innerhalb der Alt-EU hatte Deutschland 2012 mit 44 % nach Luxemburg den größten Rückstand der Frauen gegenüber den Männern, viermal größer als beispielsweise in Dänemark[09-15]. Anders als einige andere Länder, wie z.B. Dänemark, kennt Deutschland keine Mindestrenten.

Frauen zwischen Erwerbsarbeit und unbezahlter Arbeit

Eines der schlimmsten Übel ist der Spagat zwischen Beruf und Haus- bzw. Pflegearbeit, der Frauen in Deutschland zugemutet wird. Sie verbringen im Durchschnitt etwa 10 Stunden pro Woche mehr in unbezahlter Arbeit als Männer.

Dazu zählen neben der Haushaltsführung und Betreuung von Haushaltsmitgliedern auch die Unterstützung von Personen in anderen Haushalten sowie ehrenamtliches und freiwilliges Engagement. Andererseits sind es 9 Stunden weniger als Männer in Erwerbsarbeit[09-16].

Sobald Kinder hinzukommen wächst die Arbeitsbelastung der Frauen in unbezahlter Arbeit noch einmal um 10,5 Stunden und geht die in Erwerbstätigkeit um 7 Stunden zurück. Dagegen wirken sich die Kinder bei den Männern nur mit 4 Stunden mehr an unbezahlter Arbeit aus, daneben arbeiten sie 7 Stunden mehr in bezahlter Arbeit[09-17]. Das Erwerbseinkommen der Frauen sinkt also bei Kindern um 7 Stunden, das der Männer steigt um 7 Stunden.

Nach einer anderen Statistik, die nur den Altersbereich zwischen 25 und 49 Jahren erfaßt, verlieren die Mütter durch die Kinder etwa 10 Stunden pro Woche an erwerbstätiger Arbeitszeit, während sich bei den Männer mit einem Minus von 1 Stunde kaum ein Unterschied ergibt[09-18]. Daraus läßt sich entnehmen, daß Männer im statistischen Durchschnitt immer noch an den besonderen Lasten von Haushalten mit Kindern ziemlich wenig mittragen. Der massive Verlust an bezahlter Beschäftigung wirkt sich bei den Müttern natürlich auf die Rentensituation aus, die entsprechend ungleicher wird (siehe unten).

Um Männer mehr für die Hausarbeit zu interessieren, haben sehr viele Länder gesetzliche Vorschriften erlassen, die einerseits ein Recht auf Vaterschaftsurlaub vorsehen und andererseits auch eine finanzielle Unterstützung durch eine der vielen Formen von Elterngeld. Schweden ist in dieser Hinsicht führend. Dort haben Eltern das Recht auf 16 Monate Elternurlaub. Während dieser Zeit erhalten sie 80 % ihres Arbeitseinkommens bis zu 4.000 Euro/Monat. Zwei dieser Monate waren bisher für Väter reserviert. Demnächst sollen es drei Monate werden. Fast ein Viertel der Väter machen vom Vaterschaftsurlaub gebrauch (in Deutschland waren es 2013 gerade einmal 2,4 %!). Im Ergebnis haben 80 % der Kinder in Schweden Eltern, die beide arbeiten, und sind 77 % der Frauen berufstätig, die höchste Rate in Europa (Deutschland nur 69 %). In Deutschland ist allerdings das Elterngeld auf bis zu 67 % des Nettoeinkommens und 1.800 Euro/Monat beschränkt, also weniger als die Hälfte des schwedischen Betrags. Und schwedische Frauen haben trotz höherer Berufstätigkeit im Durchschnitt mehr als ein Drittel (38 %) mehr Kinder als deutsche. Ihr Anteil in Vollzeitbeschäftigung an allen Frauen liegt mit fast 46 % wesentlich höher als in Deutschland mit 37 % (von Finnland mit fast 55 % gar nicht zu reden)[09-19].

Besonders belastet sind Alleinerziehende, von denen es 2013 rund 2,3 Mio. Frauen und 0,4 Mio. Männer gab. 43 % dieser Frauen mußten mit einem monatlichen Nettoeinkommen von bis zu 1.500 Euro auskommen. Sie gingen zum allergrößten Teil gleichzeitig einem Beruf nach.

Eine repräsentative Studie von BILD der FRAU und dem Institut für Demoskopie Allensbach hat in diesem Jahr durch Befragung versucht, die Lage der Frauen im besonders schwierigen "Spagat-Alter" zwischen 40 und 59 Jahren näher zu untersuchen. Die Ergebnisse zeigen die sehr hohe Belastung: 82 % kennen das Gefühl der Überforderung. Genauso viele leiden unter Zeitnot.

Rollenteilung im Haushalt und Zahl der Kinder

Sevilla Sanz von der University of Oxford hat schon 2007 die Arbeitsteilung in den Haushalten international untersucht. Die Kinderzahl hängt nach dieser Studie nicht zuletzt von der Verteilung der Rollen von Mann und Frau im Haushalt ab. Die Studie erarbeitet den statistischen Zusammenhang zwischen

Gleichheitsgrad in der Beteiligung an Haushalt und Erziehung und andererseits der Geburtenrate. Beruhend auf Interviews mit 13.500 Männern und Frauen zwischen 20 und 45 Jahren in 12 Ländern, erstellt sie einen Index und eine Reihenfolge. Die Kinderzahl pro Frau korrespondiert eng mit dem Anteil der in Partnerschaft lebenden Bevölkerung[09-20]. Deutschland hat den kleinsten Anteil in Partnerschaft und eine der kleinsten Kinderzahlen pro Frau unter den untersuchten Ländern. Dann stellt die Studie eine Reihenfolge in der Gleichheit der Lastenteilung auf. Dabei nimmt Deutschland (nur noch von Österreich unterboten) den letzten Platz in Europa ein[09-21]. In der führenden Position sind wenig überraschend mit großem Abstand die skandinavischen Länder Schweden und Norwegen. Die Studie fand heraus, daß Frauen in Ländern mit mehr zur Gleichheit neigenden Männern eher bereit sind, eine Partnerschaft einzugehen und Kinder zu haben.

Keine Zeit zum Durchatmen mehr: Fast eine Million Frauen in Deutschland sind bereits von einer Sandwich-Situation im engsten Sinne betroffen. Sie versorgen noch Kinder im Haus und pflegen dort schon gleichzeitig Eltern oder Schwiegereltern. Die Sorgen werden größer: 67 % rechnen damit, daß die Belastungen durch Eltern oder Schwiegereltern in den nächsten Jahren zunehmen. Schon jede Fünfte fragt sich, wie sie die Unterstützung in Zukunft schaffen soll. Richtig groß sind diese Sorgen bei den 55- bis 59-Jährigen: Da beschäftigt jede Zweite der Gedanke, wie es in Zukunft weitergehen soll.

Der Streß führt zu psychischen Erkrankungen

Eine bahnbrechende Studie wurde 2011 vom European College of Neuropsychopharmacology (ECNP) und dem European Brain Council (EBC) unter der Leitung von Prof. Hans-Ulrich Wittchen veröffentlicht. Sie deckt 30 Länder in

Europa ab und belegt, wie mentale Störungen zur größten gesundheitlichen Herausforderung des 21. Jahrhunderts geworden sind. Danach sind vor allem Frauen von Depressionen betroffen und die vor allem im Alter von 16 bis 42 Jahren, wenn sie versuchen müssen, den beruflichen Druck und den der Familie zu bewältigen. Ihr Risiko, einer Depression anheim zu fallen, hat sich gegenüber den 70er Jahren verdoppelt. Fast jede siebte Frau ist betroffen. Die Studie schätzt, daß jedes Jahr 38 % der EU-Bevölkerung von einer der Formen von mentalen Störungen betroffen ist. Fast ein Drittel aller vorzeitigen Todesfälle bei Frauen und fast ein Viertel bei Männern seien so verursacht.

Nach der neuen DEGS-Gesundheitsstudie des Robert Koch-Instituts von 2013 ist etwa jeder zehnte Erwachsene - 14 % der Frauen und 8 % der Männer - stark und andauernd gestreßt. Deutlich mehr Frauen als Männer sind stark belastet: Während 16 % der jungen Frauen bis 29 darunter leiden, sind es bei den Männern in derselben Altersgruppe nur knapp 10 %. Für alle Altersgruppen sind die Werte bei Frauen (14 % chronisch gestreßt gegenüber 8 % bei Männern) durchaus beunruhigend. Vor allem 16 % aller jüngeren Frauen ist schon ein enorm hoher Wert.

Zu ähnlich alarmierenden Ergebnissen kommt eine Forsa-Umfrage unter 1.000 Deutschen im Auftrag der Techniker Krankenkasse vom Oktober 2013. Darin hat jeder Fünfte angegeben, in Dauerstreß zu leben, wobei es bei Frauen allein sogar ein Viertel ist und hier Höchstwerte im Alter zwischen 36 und 45 Jahren erreicht werden. Bei den Frauen sagen fast sechs von zehn, ihr Leben sei in den vergangenen drei Jahren stressiger geworden. Je jünger, desto mehr Befragte meinen, daß ihr Streßlevel in den letzten Jahren angestiegen sei. Ganz oben auf der Liste der Streßfaktoren stehen Arbeit und Beruf.

9. Frauen Mütter und die Demographie

Vielleicht sollte unter solchen Umständen auch nicht überraschen, daß deutsche Frauen im Alter von 65 Jahren nur noch eine vergleichsweise geringe Erwartung gesunder Lebensjahre haben, in Westeuropa nur von Griechenland unterboten und um die Hälfte weniger als in den meisten skandinavischen Ländern[09-22].

Die Demographie zeigt Folgen

Die demographischen Folgen der Behandlung von Müttern und Frauen allgemein werden im wahrsten Sinne des Wortes ziemlich verheerend sein, auch wenn das nicht monokausal zu sehen ist. Die Geburtenziffer pro Frau ist seit 1970 von 2,19 auf 1,36 gefallen, ein enormer Absturz um 38 %[09-23]. Das ist nun zusammen mit Portugal die niedrigste Geburtenziffer in Westeuropa[04047]. In der Folge ist das deutsche Durchschnittsalter seit 1970 schon von 34 Jahren auf 45 Jahre angestiegen, das höchste in Westeuropa[09-24] und die Geburtenrate pro Bevölkerung auf den niedrigsten Stand in Westeuropa gefallen[09-25].

Dabei hängt der Rückgang der Geburtenziffer vor allem vom Anteil kinderloser Frauen ab und der steigt unaufhaltsam immer weiter an[09-26]. Die Kinderlosigkeit ist umso höher, je niedriger das Haushaltseinkommen ist, was klar auf den Zusammenhang mit den sozialen Verhältnissen verweist[0927]. Im internationalen Vergleich hat Deutschland eine der höchsten Raten an kinderlosen Frauen[09-28].

Die Folge ist eine beschleunigte Alterung der deutschen Bevölkerung. Auf je hundert Menschen im erwerbsfähigen Alter zwischen 20 und 59 Jahren kommen inzwischen schon 48 im Alter von 60 und mehr Jahren, die zum allergrößten Teil nicht mehr berufstätig sind - ein Verhältnis von 2 zu 1. Noch eklatanter und negativer hat sich das zahlenmäßige Verhältnis derer ab 65 Jahre zu denen unter 15 Jahren entwickelt. Es zeigt ein Deutschland auf dem Weg ins Altersheim mit weitem Vorsprung vor fast allen anderen Ländern (siehe z.B. Deutschland 1,58 und Frankreich 0,95)[09-29].

Für die Zukunft sagt die Prognose des Bevölkerungsprogramms der UN Deutschland eine besonders negative demographische Entwicklung voraus. Die Zahl an Kindern soll bis zu Ende des Jahrhunderts um 30 % fallen, während für Großbritannien und Frankreich und vor allem die USA Zuwächse erwartet werden[09-30]. Gleichzeitig wird der Teil der Alten von 65 und mehr Jahren besonders rasch zunehmen und bis auf fast 45 % klettern[09-31]. Bei einer solchen Entwicklung muß Deutschland ein anderes Land werden. Die von der Zahl her immer mehr abnehmenden Beschäftigten werden immer mehr Alte finanzieren müssen. Verteilungskämpfe sind angesagt. Viele von denen, die nicht an den Altenlasten mittragen wollen, werden auswandern wollen, wenn sie die beruflichen Voraussetzungen dafür haben. Viele potenzielle Einwanderer mit guter Berufsqualifikation werden abgeschreckt werden.

Die technologische Entwicklung wird wenig daran ändern. Deutschland ist schon jetzt ein hoch automatisiertes Land und der Produktivitätsfortschritt hat in den letzten 10 Jahren deutlich auf durchschnittlich knapp 0.5 % pro Jahr und Beschäftigten nachgelassen. Das Arbeitsalter läßt sich auch nicht beliebig nach hinten verschieben, da viele Arbeitnehmer nach einem stressigen Arbeitsleben bereits ausgebrannt sind. Selbst wenn man den Altersbereich von 20 auf 67 Jahre ausdehnt und unterstellt, daß alle bis dahin im Arbeitsleben bleiben, wird Deutschland selbst bei stärkerer Zuwanderung nach der Bevölkerungsvorausberechnung jährlich weit mehr an Bevölkerung im arbeitsfähigen Alter verlieren als dem zu erwartenden Produktivitätsfortschritt entspräche[09-32].

Die Steuer- und Familienpolitik tut wenig, um wirkungsvoll gegen die sich abzeichnende demographische Entwicklung zu halten, soweit das überhaupt möglich ist. Da scheint sich schon Resignation ausgebreitet zu haben und zugleich eine trügerische Hoffnung, die Probleme über Immigranten lösen zu können. Doch wird es genug qualifizierte Immigranten geben, die die besonders schweren Alterslasten der Deutschen werden mittragen wollen, oder werden viele beruflich nicht ausreichend qualifizierte Immigranten das Sozialsystem noch zusätzlich belasten und viele qualifizierte Deutsche auswandern, um nicht an den Alterslasten mittragen zu müssen?

Im Ergebnis wird Deutschland einen hohen Preis für die diskriminierende Behandlung seiner Frauen bezahlen. Natürlich wird es auch andere Gründe für die demographische Entwicklung geben. Doch die im internationalen Vergleich besonders starke Diskriminierung von Frauen in Deutschland und die ebenfalls im internationalen Vergleich besonders extreme demographische Entwicklung lassen enge Zusammenhänge vermuten. Auch sollte nicht überraschen, wenn der Wunsch nach Kindern in einem besonders streßvollen Leben bei vielen Frauen verloren geht.

10. Wie war es möglich? Die unterwanderte Demokratie

Wie schon erwähnt war es kein plötzlicher Untergang der SM sondern wurden an sehr vielen Stellen über nun etwa 40 Jahre immer neue Löcher in den Rumpf gebohrt, bis der Untergang so ziemlich abgeschlossen war. Damit war der ganze Vorgang, dessen Verständnis noch dazu umfassende Faktenkenntnisse im Bereich von Wirtschaft und Sozialem und das Ganze international vergleichend verlangt, für sehr viele Menschen nur sehr partiell erkennbar. Die nicht oder noch nicht

nicht Betroffenen konnten und können sich zurücklehnen und nicht selten gegen sogenannte „Sozialschmarotzer" in der „Hängematte" der SM aufhetzen lassen.

Außerdem gab es auf dem Langen Marsch in den Untergang der SM viele Etappen und viele verschiedene Umstände. Die lähmende Angst eines erheblichen Teils der stark alternden deutschen Bevölkerung ist einer dieser Umstände, die Habgier und Selbstbedienung vieler aus der wirtschaftlichen Elite Deutschlands ein anderer, die Medienmacht ein weiterer. Schließlich kommt man in der Analyse an dem in Deutschland besonders stark ausgeprägten Lobbyismus der Wirtschaftsverbände und einzelner Großunternehmen nicht vorbei. Und am Ende gehört auch noch das immer neoliberalere Rahmenwerk der EU dazu.

Mehltau über Deutschland: Koalition der Ängste

Man kann es auch die „neoliberale Angstgesellschaft" nennen. Sie folgt der Regel „Angst macht gefügig". So baute sich in Deutschland selten Widerstand gegen den Untergang der SM auf. Die Menschen in Deutschland müssen ohnehin viele und große Ängste ausstehen: Angst vor Altersarmut und schlechter Pflege, vor Krankheit - besonders vor Krebs -, vor Arbeitslosigkeit, Hartz-4, Euroverfall, Inflation, Überfremdung, sogar Angst vor Kindern und vieles mehr. Allein fast die Hälfte der Deutschen rechnet mit Altersarmut (siehe Kapitel 6).In einer stark alternden Bevölkerung, die bereits durch viele Krisen gegangen ist (darunter ein vom Zaun gebrochener und dann verlorener Weltkrieg), grassieren Ängste umso mehr. Seit 1970 ist das deutsche Durchschnittsalter schon von 34 auf 45 Jahre angestiegen, das höchste in Westeuropa, die Geburtenrate auf den niedrigsten Stand in Westeuropa gefallen. Die gute alte Tante SPD ist eine Partei älterer Jahrgänge geworden. Viele der Jüngeren haben sich nach Schröders Reformen von der Partei getrennt. Deutschland insgesamt hat die durchschnittlich ältesten Wähler in Europa, deren Stimmen man braucht. Das Durchschnittsalter der Mitgliederschaft sowohl bei SPD wie CDU liegt bereits bei 59 Jahren. Jedes zweite Mitglied der SPD ist über 60 Jahre alt, nur jedes 15. unter 30. Die reißen alle keine Bäume mehr aus.

Vor allem aber werden die Ängste bewußt geschürt. Die Regierung und die soziale Oberklasse sind an Ängsten interessiert, weil sie das Volk gefügig machen. Die Deutschen gehen dann nicht auf die Straße sondern leiden isoliert und frustriert vor sich hin. Man ist diszipliniert, in Angst umso mehr. Viele Medien fungieren als Angstverstärker und werden von den Angstinteressenten immer wieder gern eingesetzt. BILD ist das beste Beispiel, aber auch viele andere machen mit.

Die Ängste der Deutschen und ihr Ausmaß sind zu einem beliebten Forschungsthema geworden. So ermittelt die R+V-Versicherung seit Jahren die verschiedenen Ängste der Deutschen[10-1]. Es gibt eine schlimme und verdeckte Koalition der Angsterzeuger mit den Ängstlichen. Sie ringen nicht miteinander, wie in vielen anderen Ländern, sondern verstärken sich gegenseitig. Auch fast alle politischen Parteien gehören dazu. Die in der Opposition wagen ebenfalls nicht, an den Ängsten zu rütteln, und erzeugen eher weitere. Sie beziehen die Ängste in ihre Strategien ein und empfehlen ebenfalls ängstliche und kurzatmige Politiken für ein ängstliches Volk.

Sozial prekäre Bundestagswahl ergibt sozial gespaltene Demokratie

Die stark steigende Wahlenthaltung der sozial Benachteiligten, die nicht mehr an der Wahlurne für ihre Rechte kämpfen, beschleunigt ebenfalls den Untergang der SM. Insgesamt erscheint schon weit mehr als ein Viertel der Wahlberechtigten nicht mehr an der Wahlurne[10-2]. Die Partei der Wahlenthalter war 2013 mit fast 18 Mio. um fast 3 Mio. größer als der Stimmenanteil der gewinnenden CDU. Dabei wird entscheidend, daß gerade die sozial Benachteiligten, die nicht mehr auf die Hilfe durch die Parteien setzen, in ihrem Frust und ihrer Hoffnungslosigkeit zur Wahlenthaltung neigen. Das Max-Planck-Institut für Gesellschaftsforschung und Infratest dimap haben das in Auswertung der Stimmbezirke an die Öffentlichkeit gebracht.

In Stadtteilen mit der niedrigsten Wahlbeteiligung gehören fast zehnmal so viele Menschen (67 %) einem sozial prekären Milieu an wie in den Stadtteilen mit der höchsten Wahlbeteiligung (7 %), sind fast fünfmal so viele Menschen arbeitslos (15 %) wie in den Stadtteilen mit der höchsten Wahlbeteiligung (3 %)[10-3], haben mehr als doppelt so viele Menschen (15 %) keinen Schulabschluss und gleichzeitig weit weniger als die Hälfte das Abitur (18 %) wie in den Stadtteilen mit der höchsten Wahlbeteiligung[10-4] und liegt die durchschnittliche Kaufkraft der Haushalte mit 35.000 Euro/Jahr um ein Drittel unterhalb der Kaufkraft in den anderen Stadtteilen (52.000 Euro).

Die deutsche Demokratie entwickelt sich so zu einer Demokratie der zwei Klassen: Die oberen zwei Drittel der Gesellschaft haben deutlich mehr Einfluß auf die Zusammensetzung des Bundestags und der neuen Regierung genommen als das untere Drittel. In den Worten der Studie: „Die Demokratie wird zu einer exklusiven Veranstaltung für Menschen aus den mittleren und oberen Sozialmilieus der Gesellschaft, während die sozial prekären Milieus deutlich unterrepräsentiert bleiben. Die Bundestagswahl 2013 war deshalb eine sozial prekäre Wahl." Man muß leider annehmen, daß die wirtschaftliche und politische Elite durchaus zufrieden ist, wenn sie die sozial Benachteiligten von den Wahlurnen wegfrustrieren kann. Immer mehr Mehltau legt sich so über

Deutschland. In dieser Atmosphäre ließ sich der Abbau der SM umso leichter bewerkstelligen.

Habgier und Selbstbedienung der Wirtschaftselite

Derzeit verdienen die Vorsitzenden der 30 größten deutschen im Aktienindex Dax notierten Gesellschaften, nachdem es 1990 noch 570.000 DM waren, mit durchschnittlich fünf bis sechs Mio. Euro das mehr als Hundertfache der Durchschnittslöhne ihrer betrieblichen Mitarbeiter. Für ihre Pensionen zahlte jeder Konzern 2012 im Durchschnitt 7,4 Mio. Euro. Und für das Alter der derzeitigen Unternehmensführungen stellten die Konzerne allein in 2012 durchschnittlich 450.000 Euro je Manager zurück, was 54 % ihres Festgehalts entsprach.

Das sind die sozialen Realitäten im Nach-SM-Deutschland von heute - nur ein Beispiel dafür, wie die wirtschaftliche Elite von oben einen tief spaltenden Keil in die Gesellschaft treibt und die Verteilungsgerechtigkeit mit Füßen tritt. Selbst Bundestagspräsident Lammert, der der CDU angehört, beklagte im Juli 2012 die Entwicklung: „Es gibt gigantische Einkommensunterschiede in den Unternehmen, selbst zwischen der ersten und der zweiten Leitungsebene. Das ist nicht zu rechtfertigen, schon gar nicht mit entsprechenden Leistungs- und Verantwortungsdifferenzen. Das ist die Verselbstständigung der Gehaltsfindung, die den Verdacht der Selbstbedienung nahe legt. Ich bin gelegentlich fassungslos über die Gedankenlosigkeit oder die Skrupellosigkeit, mit der solche Ansprüche geltend gemacht und durchgesetzt werden. Das gilt insbesondere für Klagen zu verweigerten Bonizahlungen der Finanzmakler, die offenkundig kein Problem damit haben, die Folgen ihrer eigenen Fehleinschätzungen und mißlungenen Wettgeschäfte beim Steuerzahler anzumelden und gleichzeitig ihre vertraglich begründeten Bonusleistungen bei ordentlichen Gerichten für sich persönlich einzufordern."

Hier wird brutal Macht eingesetzt, um sich gegen die immer schwächer werdenden Spielregeln der SM durchzusetzen. Oder, um es mit Brecht zu sagen: „Erst kommt das Fressen, dann kommt die Moral." Sehr treffend schreibt Tim Hardford in der Financial Times im August 2013 unter der Überschrift „Wie sich die Reichen oben halten": „Je ungleicher eine Gesellschaft, umso größer der Anreiz für die Reichen, die Leiter hinter ihnen hochzuziehen."

Die Banker unter den Totengräbern der SM

Als der Ober- und Deutschbanker Ackermann im Mai 2012 seinen Job aufgab, schrieb die FAZ: „Der Ackermann der ersten Jahre nach 2002 erschien wie ein Botschafter des englischsprachigen Kapitalismus auf feindlichem Terrain: mit der Förderung des damals besonders ertragreichen Investmentbanking, mit dem Appell an ein Shareholder-Value-Denken und mit höchst ambitiösen Ertragszielen. Mit dem Verkauf von Industriebeteiligungen trug Ackermann zum Niedergang der alten ‚Deutschland AG' bei." Erst dieser ließ die Heuschrecken und andere profitmaximierende Kurzfristinvestoren ins Land. Derweil schwafelte Ackermann vom Shareholder-Value, „beriet" die Bundeskanzlerin in der Finanzkrise durchaus eigennützig, durfte im Bundeskanzleramt seinen Geburtstag feiern und organisierte sich selbst eines der höchsten Managereinkommen der deutschen Wirtschaftsgeschichte

.

Der Verbändestaat

Beim Bundestag sind mehr als 2.000 Verbände mit Lobby-Funktion registriert. Dagegen ist grundsätzlich nichts einzuwenden. Es gehört zu den Prinzipien der Demokratie, daß die Betroffenen gehört werden und sich die Regierung informiert. Bedenklich wird es, wenn die Lobby die Regierung unterwandert. Minister und Staatssekretäre wechselten direkt in Unternehmen, obwohl sie in ihrer Amtszeit mit deren Belangen beschäftigt waren. Beispielsweise ging Bundeswirtschaftsminister Clement, der zuvor den gesetzlichen Rahmen für Leiharbeit liberalisiert hatte, nach Ausscheiden aus der Bundesregierung in den Aufsichtsrat des fünftgrößten deutschen Zeitarbeitsunternehmens Deutscher Industrie Service. Ein anderes bekannt gewordenes Beispiel: Staatssekretär Koch-Weser, im Bundesfinanzministerium für die Bankenaufsicht zuständig, diente sich anschließend der Deutschen Bank als Ackermann-Berater an, obwohl die Deutsche Bank nicht nur seiner Aufsicht unterlegen sondern auch von seinem Ministerium öffentliche Aufträge und Bürgschaften erhalten hatte.

Werner Rügemer spricht in einem Beitrag in „Blätter für deutsche und internationale Politik" von der „unterwanderten Demokratie", dem „Marsch der Lobbyisten durch die Institutionen". Und er zitiert sehr viele treffende Beispiele, wie das Überwechseln des Staatsministers Eckart von Klaeden aus dem engsten Führungskreis um Angela Merkel in die Rolle des Cheflobbyisten des Daimler-Konzerns, die Rolle des Vorstandssprechers der Deutschen Bank Josef Ackermann als wesentlicher Berater und sogar Mitentscheider bei der Bankenrettung 2008, die Dauerberatung der Bundesregierung durch Goldman Sachs in der Eurokrise bei 48 Zusammentreffen ihres Vertreters Christoph Brand mit Vertretern der Bundesregierung, die Finanzierung des Bundesamts für Finanzdienstleistungsaufsicht (Bafin) durch die Banken, die unter Helmut Kohl eingeführte Praxis der Leihmanager (leitende Angestellte von Unternehmen und Unternehmensverbänden, die ad hoc beispielsweise für die Vorbereitung eines Gesetzes, einer Verordnung, eines neuen Finanzprodukts oder eines Großprojektes an staatliche Stellen, vor allem an Ministerien, ausgeliehen werden), die Beauftragung der internationalen Kanzlei Freshfields Bruckhaus in der Zeit des Bundesfinanzministers Steinbrück von 2005 bis 2009 mit Honoraren in Höhe von 7,3 Mio. Euro.

Man kann davon ausgehen: Die Lobby war und ist Partei in der Versenkung der SM. Ihre Interessen standen immer gegen die SM. Parteispenden, selbst illegale, gehörten zu ihrem Handwerk. Die wurden sogar dem neoliberalen Kanzler der deutschen Einheit zum Verhängnis.

Ein Netzwerk half nach

Auch wenn ich durchaus kein Anhänger von Verschwörungstheorien bin, so möchte ich an dieser Stelle nicht verschweigen, daß in einer wichtigen Phase des neoliberalen Umbaus in Deutschland ein Netzwerk mit internationalen Verbindungen in verschiedenen Funktionen unterstützend beteiligt war. Sein Zentrum war im Bundesfinanzministerium, wo alle Beteiligten zu verschiedenen Zeiten Leiter der besonders wichtigen Abteilung Geld und Kredit gewesen waren und dann in verschiedenen hochrangigen Funktionen im Bundeskanzleramt, bei der Bundesbank, der EZB, der EU, dem Euro-Rettungsfonds ESM, im Internationalen Währungsfonds (IWF) und beim Bundespräsidialamt tätig waren oder noch sind. Die Meisten von ihnen haben ihre Karrieren schon zu Kohls Zeiten begonnen. Sie haben eng zusammengearbeitet und tun es z.T. noch. Ihr „Altmeister" ist der frühere Staatssekretär und spätere Bundesbankpräsident Hans Tietmeyer, von dem hier schon in Zusammenhang mit Lambsdorffs Trennungsbrief an Helmut Schmidt die Rede war und der bis vor wenigen Jahren Kuratoriumsvorsitzender der vom Arbeitgeberverband Gesamtmetall finanzierten „Initiative Neue Soziale Marktwirtschaft" war.

Die globalen Machteliten haben die neoliberalen Notbremsen gezogen

Ohne das neoliberale Umfeld, auch jenseits der EU, läßt sich der Untergang der SM nicht richtig einordnen. David Harvey hat in seinem Buch „A Brief History of Neoliberalism" zu Recht dargestellt, wie die herrschenden Machteliten und Klassen in den 70er Jahren ihre Felle davonschwimmen sahen und um Einfluß und Reichtum fürchteten. Nach dem 2. Weltkrieg war ihre Wirtschaftsmacht begrenzt worden und erhielten die Arbeitnehmer ein größeres Stück vom Wirtschaftskuchen. Das war so vor allem in USA, aber auch fast allen anderen alten Industrieländern. In USA fiel der Anteil des obersten 1 % der Einkommensbezieher von 16 % vor dem Krieg auf nur noch 8 % am Ende des Krieges und blieb dann drei Jahrzehnte lang in dieser Größenordnung. Solange der Kuchen Jahr für Jahr wuchs, war das zu verkraften.

Doch nun in den 70er Jahren begann die erste ernsthafte Nachkriegskrise der dem kapitalistischen System zugrunde liegenden Kapitalschöpfung. Das Wachstum ging zurück, reale Zinsraten wurden wegen zunehmender Inflation negativ, Unternehmensprofite und Dividendenzahlungen ließen nach. Der Einkommens- und Vermögensanteil des obersten 1 % stürzte ab. Die Oberklassen begriffen, daß sie ihre Interessen schützen mußten. Das führte zunehmend zu neoliberalen Rezepten, die teilweise – wie in Chile – mit Gewalt und per CIA durchgesetzt wurden.

Die Medienmaschinen wurden angeworfen, um die neuen Rezepte zu verkaufen und auch in einer skeptischen Bevölkerung demokratisch organisierter Gesellschaften durchzusetzen. Das berühmte „trickle-down" machte die Runde,

10. Wie war es möglich? Die unterwanderte Demokratie

wonach gemäß Reaganomics der Wohlstand oben angesiedelt werden sollte, um dann nach unten durchzutropfen. Es war eine verlogene Politik, wie sich später zeigen sollte. Doch in Zeiten wieder steigender Arbeitslosigkeit, höherer Inflation und nachlassender Investitionen mit entsprechender Arbeitslosigkeit waren die Menschen bereit, den Sprüchen der Rattenfänger auf den Leim zu gehen. So wurden in USA unter Reagan die Vermögenssteuer beseitigt und die Kapitalertrags- und Unternehmenssteuern stark abgesenkt, wie dies später auch in Deutschland geschah. Vor allem bei der Verschleuderung von Staatsvermögen durch Privatisierung kam es in vielen Ländern zum großen Fressen derer, die zugreifen konnten. In der Folge solcher und anderer Geschenke für die Best- und Besserverdiener stiegen überall, besonders in USA, die Vermögensanteile des obersten 1 % wie Phönix aus der Asche (wo sie ja gar nicht gewesen waren)[10-5]. Selbst im kommunistischen China erklärte Deng Xiaoping Ende der 70er Jahre: „Laßt erst mal einige Leute reich werden" mit der Folge einer immensen Ballung von Reichtum bei einem kleinen und oft korrupten Teil der sonst relativ armen Bevölkerung, obwohl sich das Land weiter „kommunistisch" nannte. Und in Rußland traten etwas später die Oligarchen zur großen Ausplünderung des Landes an.

Dabei nutzt die neoliberale Bewegung ihre neu gewonnene Medienmacht brutal aus. Für Deutschland zeichnet Prof. Bernd Hamm in seinem Essay von 2007 „Medienmacht - wie und zu wessen Nutzen unser Bewußtsein gemacht wird" die Entwicklung der Medien seit den 70er Jahren nach. Sechs große Medienkonzerne beherrschen heute den Weltmarkt: AOL Time Warner, Disney, Vivendi, Viacom, Bertelsmann und die News Corporation. In Deutschland machen Springer, Bertelsmann, Holtzbrinck, Bauer und die WAZ-Gruppe den Großteil des Geschäfts. „Die Zeit" ist durch Helmut Schmidt, „Der

Spiegel" durch Stefan Aust auf neoliberal getrimmt worden. Zuletzt mußte mit der Frankfurter Rundschau eine der letzten sozialkritisch eingestellten Zeitungen Insolvenz anmelden.

Hamm kommt zu dem Schluß, daß mit der zunehmenden Privatisierung und Kommerzialisierung der Medien die Selbstaufklärungsmechanismen der Gesellschaft in steigenden Maßen versagen: „Die Herrschaft des Kapitals über die Medien, weltweit ebenso wie bei uns, wird sich weiter perfektionieren. Da es kaum mehr Alternativen gibt, wird es auch zunehmend schwierig, sich die Informationen zu beschaffen, die für eine eigene kritische Meinungsbildung unerläßlich sind. Die Bewußtseinsindustrie hat ihr Ziel erreicht: Unsere Wahrnehmung der Dinge, unsere Meinungsbildung folgt einem industriell organisierten Prozeß." Das Zeitungssterben und die wachsende Konzentration der Medien auf einige wenige grosse Mediengruppen sowie deren Abhängigkeit von Werbeanzeigen der Wirtschaft trägt dazu bei.

So wie einerseits die Meinungsvielfalt in den Medien eingeschränkt wurde, ist andererseits die Freiheit des privaten Raumes immer mehr zurückgegangen. Die Geheimdienste haben dazu enorm aufgerüstet, vor allem die in USA und Großbritannien. Der Aussteiger Snowden sagt zurecht: „Der Autor des Science-Fiction-Romans 1984 George Orwell hat die Menschen vor den Gefahren gewarnt. Die von Orwell dargestellten Überwachungsmethoden durch Kameras und Mikrofone sind jedoch nichts im Vergleich mit der heutigen Situation. Ein heute geborenes Kind weiß nicht mehr, was privat ist."

Selbst die einst erhoffte Gegenöffentlichkeit des Internets wird zunehmend von den dorthin mit Online-Ausgaben wechselnden Medienmogulen mit attraktiver Aufmache und hohen Werbeeinnahmen bedrängt. Da schlägt z.B. SPIEGEL-online alle anderen Anbieter um Meilen und drückt die Besucherzahlen der unabhängigen Kleinen in den Keller.

Nachwort: Mit 12 Schritten zurück zur SM

Praktisch liegt die SM mit allen ihren Vorteilen nur wenige Schritte zurück und ist keineswegs unerreichbar geworden. Sie liegt quasi nur auf der anderen Straßenseite, einer allerdings entsetzlich breit gewordenen Straße. Die 40 Jahre seit einer einigermaßen intakten und den Namen verdienenden SM sind übertragen auf die Menschheitsgeschichte nicht mehr als eine Sekunde im Laufe eines Jahres oder noch weniger. Man darf sich nicht sprachlos machen lassen von einem „Es gibt keine Alternative" der meisten Vertreter der derzeitigen Politik.

Hier ist ein einfacher und bei ausreichendem politischem Willen machbarer Katalog von 12 Schritten zurück zur SM:

1. Ein ausreichend bemessener flächendeckender Mindestlohn. 8,50 Euro pro Stunde bis 2017 reichen nicht aus.

2. Einklagbarer Zwang für gleiche Löhne bei gleicher Arbeit ohne die bisherige Lohnkluft zwischen Männern und Frauen und dementsprechend auch ähnliche Renten.

3. Eine gesetzliche, steuerfinanzierte und angemessene Mindestrente, wobei die Steuer nicht auf die Einkommen der Arbeitnehmer gelegt werden darf, sondern auf den Produktivitätsfortschritt in den Unternehmen.Sonst würde menschliche Arbeit nur noch mehr durch Automaten oder Importe aus Billigstländern ersetzt.

4. Wiederherstellung einer Krankenversicherung, die den Namen verdient.

5. Wiedereinführung einer Arbeitslosenversicherung über die Dauer von einem Jahr hinaus, mindestens für Arbeitnehmer, die viele Jahre lang eingezahlt haben.

6. Rücknahme der gesetzlichen Erleichterungen für die Leiharbeit, vor allem Rücknahme der Abschaffung des Synchronisationsverbots, womit den Verleihunternehmen ein

Heuern und Feuern ihrer Angestellten je nach Auftragslage gestattet wurde, sowie Aufnahme von Leiharbeitern in die Tariflöhne der Unternehmen, an die verliehen wird, unter Beseitigung der niedrigeren leiharbeitseigenen Tarife.

7. Massive Investitionen in das deutsche Bildungssystem (teilweise aus der wieder einzuführenden Vermögenssteuer zu finanzieren).

8. Weit bessere Finanzierung der staatlichen Infrastruktur ohne Privatisierungen.

9. Rücknahme aller Steuererleichterungen bei der Einkommens- und Erbschaftssteuer, besonders der unter Schröder eingeführten, die besonders den Besserverdienern genützt haben. Wiedereinführung der Vermögenssteuer.

10. Eine Steuer auf Exportgewinne der Unternehmen, um ein Umsteuern auf die Binnenkonjunktur zu erleichtern und den ständigen Abfluß volkswirtschaftlicher Leistungen an das Ausland zu verlangsamen und um Leistungen zurückzuholen, die Unternehmen mit der deutschen Technologieförderung genossen haben.

11. Eine Einwanderungspolitik, die Mindeststandards für die berufliche Vorbildung setzt (kein Mißbrauch der wiedereinzuführenden SM durch schwer integrierbare Wirtschaftsflüchtlinge).

12. In der Europäischen Union: Teilweises Zurückdrehen der letzten Etappen der neoliberalen Globalisierung, vor allem hartes Vorgehen gegen Dumping aus Niedriglohnländern, zumal solche die das Streikrecht nicht anerkennen und keine unabhängigen Gewerkschaften zulassen.

Man will ja nicht gleich träumen. Doch Vieles aus dieser Liste ist erreichbar und, je mehr Krisen uns das derzeitige System beschert, umso eher.

Abbildungen

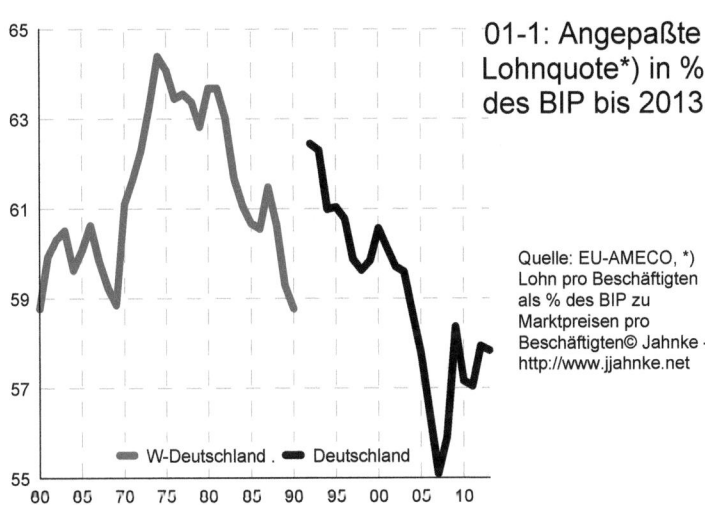

01-1: Angepaßte Lohnquote*) in % des BIP bis 2013

Quelle: EU-AMECO, *) Lohn pro Beschäftigten als % des BIP zu Marktpreisen pro Beschäftigten© Jahnke - http://www.jjahnke.net

01-2: Investitionsquote (Anlageninvestitionen in % BIP)

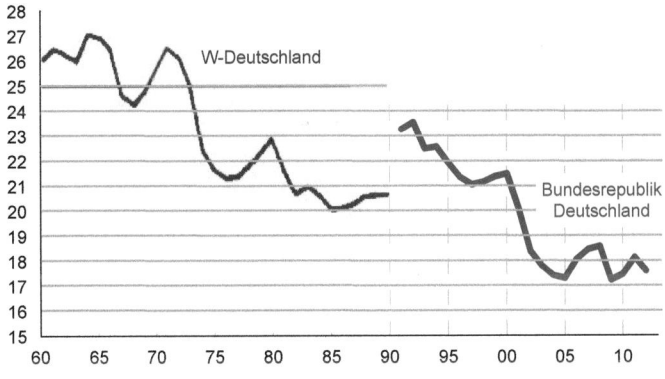

Quelle: Statistisches Bundesamt. © Jahnke - http://www.jjahnke.net

Abbildungen

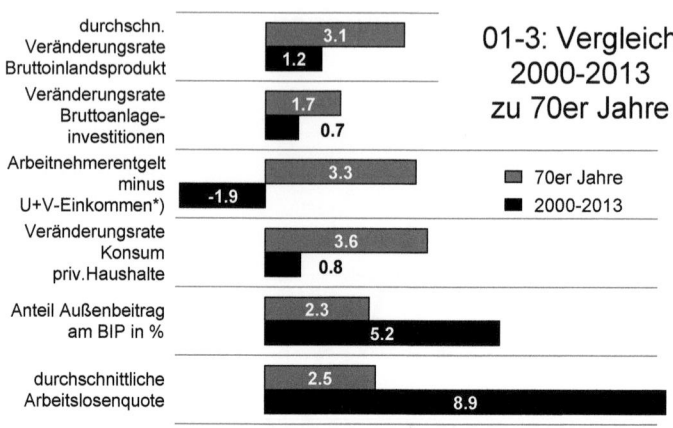

Quelle: Amtliche Statistiken, *) durchschn. Veränderungsrate Arbeitnehmerentgelt minus
durchschn.Veränderungsrate Unternehmens- u.Vermögenseinkommen in Prozentpunkten.
© Jahnke - http://www.jjahnke.net

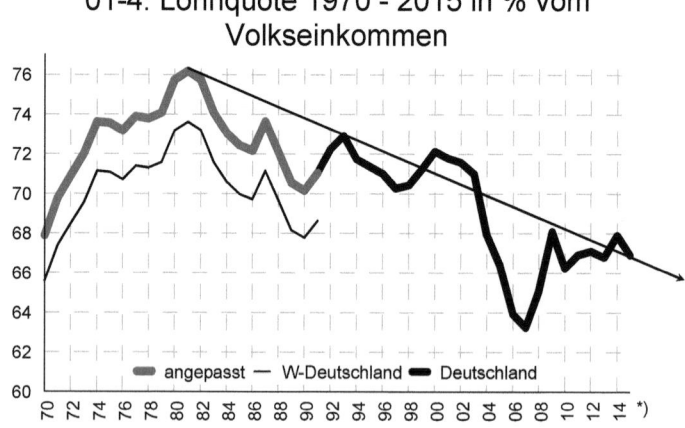

Quelle: Statistisches Bundesamt, angepaßt = W-Deutschland hochgehoben auf Deutschland
1991, *) 1. Quartal 2015. © Jahnke - http://www.jjahnke.net

01-5: Mindestlöhne in Euro/Monat Q1 2015 (W-Europa und USA)

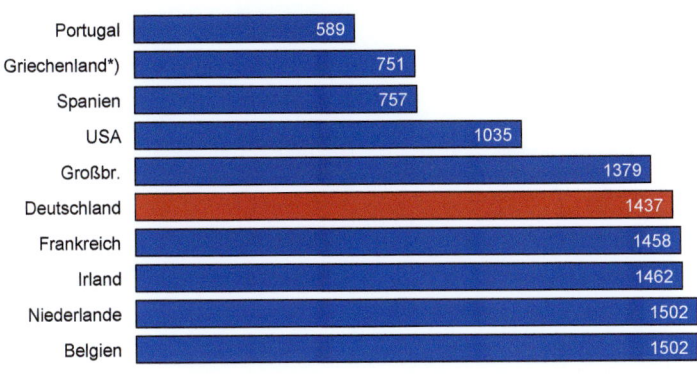

Quelle: Eurostat, *) geplant. © Jahnke - http://www.jjahnke.net

02-1: Entwicklung der Arbeitsproduktivität pro Arbeitsstunde in der Gesamtwirtschaft 1970-2014

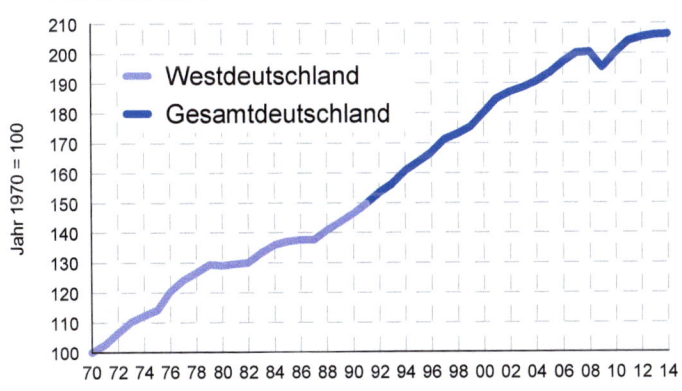

Quelle: Statistisches Bundesamt, preisbereinigt. © Jahnke - http://www.jjahnke.net

Abbildungen

02-2: Veränderungen am Arbeitsmarkt 2000 bis 2013 in Tausend

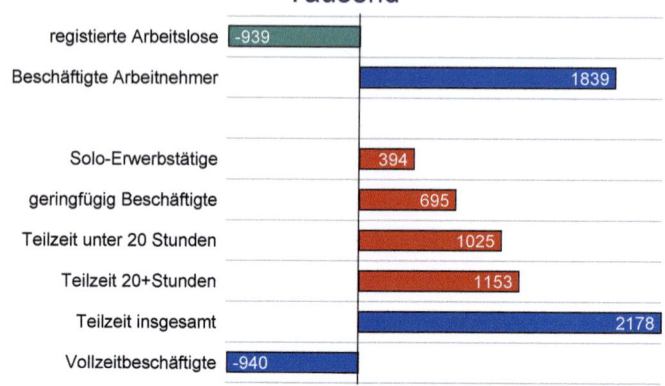

Quelle: Institut für Arbeitsmarkt- und Berufsforschung. © Jahnke -
http://www.jjahnke.net

02-3: Entwicklung der atypischen Beschäftigung - Teilzeit, Befristungen, Zeitarbeit und geringfügige Beschäftigungen

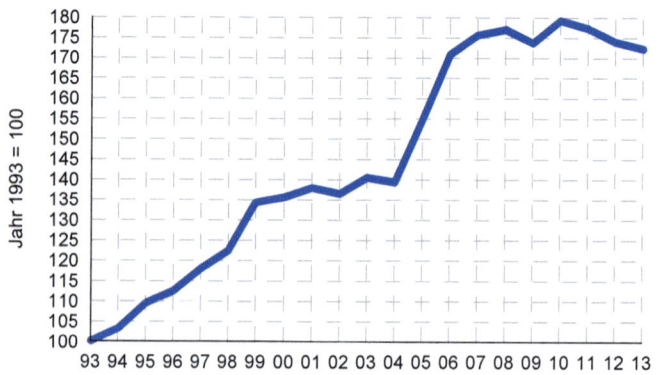

Quelle: Antwort der Bundesregierung auf Anfrage der Partei Die Linke, Drucksache
18/4638 v. 16.4.2015. © Jahnke - http://www.jjahnke.net

02-4: Entwicklung einzelner Formen atypischer Beschäftigung

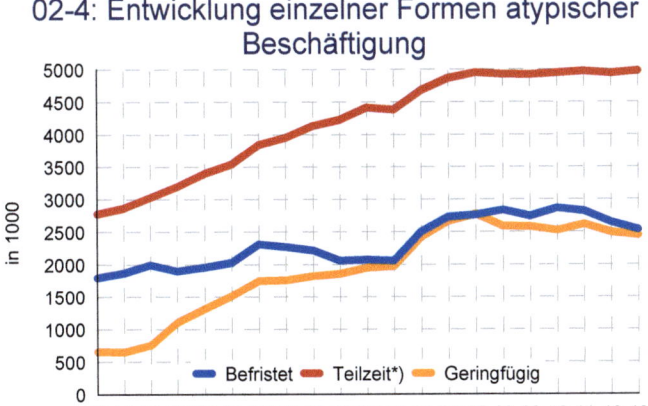

Quelle: Antwort der Bundesregierung auf Anfrage der Partei Die Linke, Drucksache 18/4638
v. 16.4.2015, *) unter 20 Stunden/Woche. © Jahnke - http://www.jjahnke.net

02-5: Anteil Teilzeit an der Beschäftigung in %

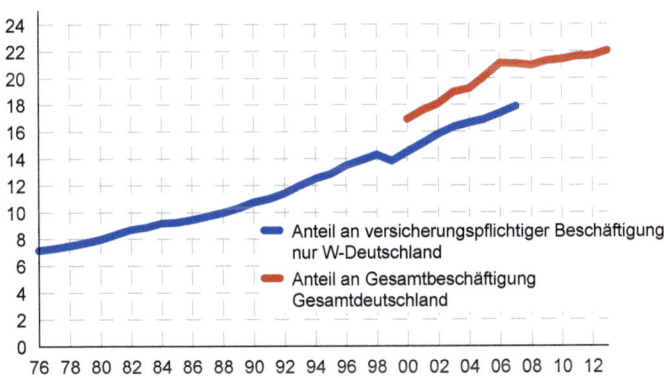

Quelle: Bundeszentrale fü Politische Bildung, für Gesamtdeutschland Statistisches
Bundesamt. © Jahnke - http://www.jjahnke.net

02-6: Teilzeit in % der Erwerbstätigen 2014

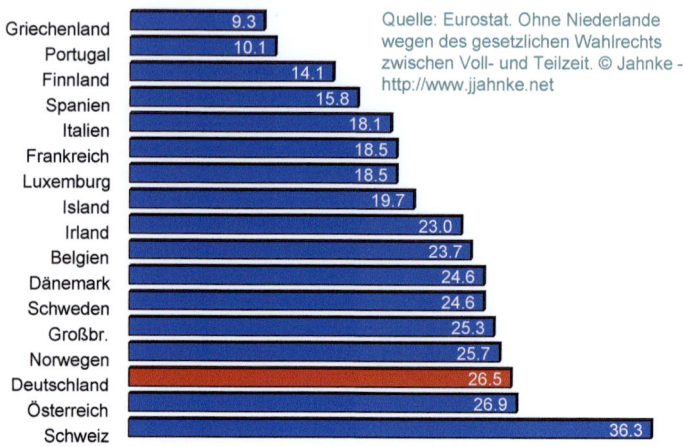

Quelle: Eurostat. Ohne Niederlande wegen des gesetzlichen Wahlrechts zwischen Voll- und Teilzeit. © Jahnke - http://www.jjahnke.net

02-7: Entwicklung der Arbeitsstunden der Beschäftigten in Deutschland

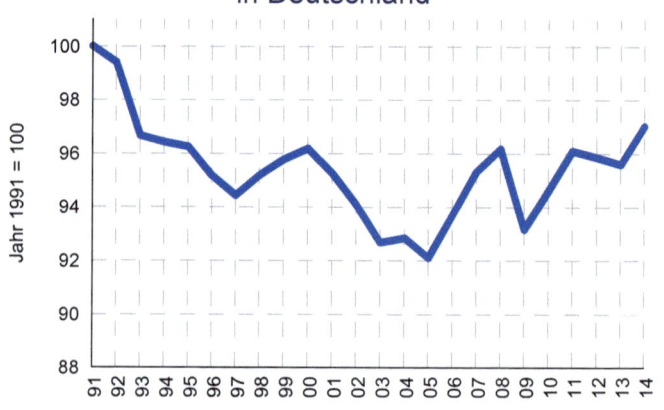

Quelle: Statistisches Bundesamt. © Jahnke - http://www.jjahnke.net

02-8: Entwicklung der Zahl der Arbeitsstunden pro Beschäftigten

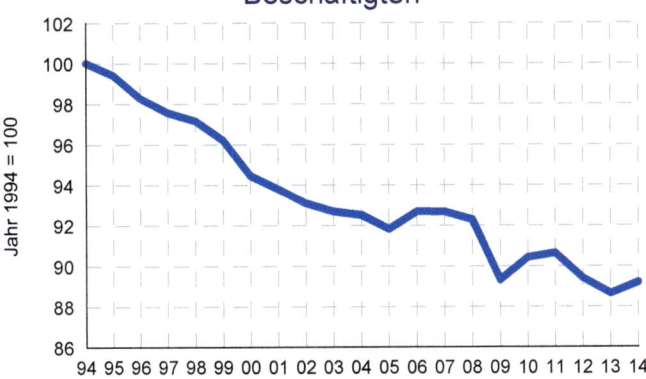

Quelle: Antwort der Bundesregierung auf Anfrage der Partei Die Linke, Drucksache 18/4638 v. 16.4.2015. © Jahnke - http://www.jjahnke.net

02-9: Entwicklung der Zahl der Erwerbstätigen in Vollzeitäquivalenten

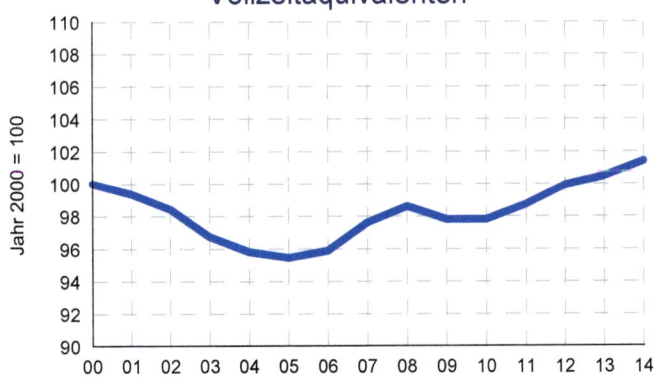

Quelle: Antwort der Bundesregierung auf Anfrage der Partei Die Linke, Drucksache 18/4638 v. 16.4.2015. © Jahnke - http://www.jjahnke.net

02-10: Anteil der Normalarbeitnehmer/innen

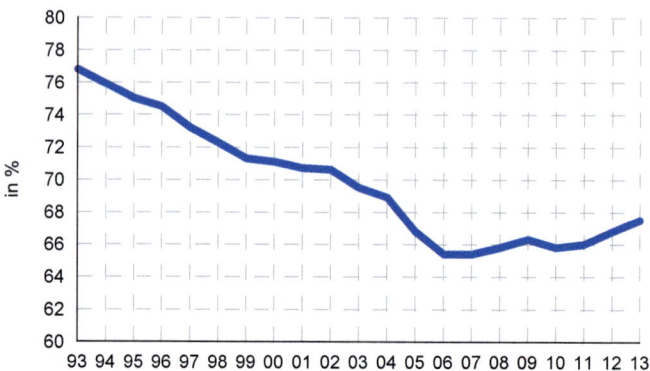

Quelle: Antwort der Bundesregierung auf Anfrage der Partei Die Linke, Drucksache 18/4638 v. 16.4.2015. © Jahnke - http://www.jjahnke.net

02-11: Mehr befristete Beschäftigungs- verhältnisse (seit 2002 zusätzlich 0,7 Mio.)

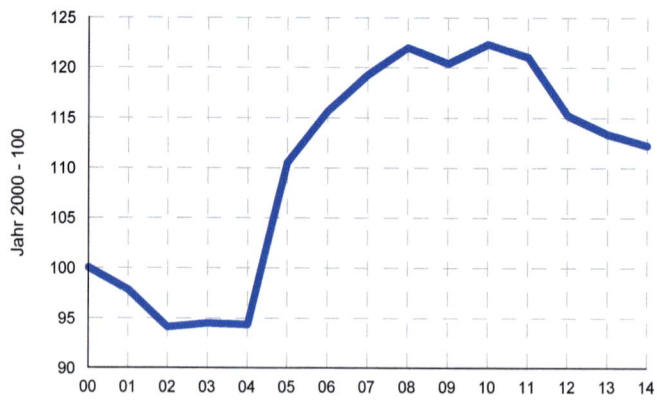

Quelle: Sozialpolitik aktuell, ab 2011 Bundesagentur und Eurostat. © Jahnke - http://www.jjahnke.net

02-12: Entwicklung der Leiharbeit 1980-2014

02-13: Nacht- und Wochenendarbeit in Deutschland in % der Arbeitnehmer 2014

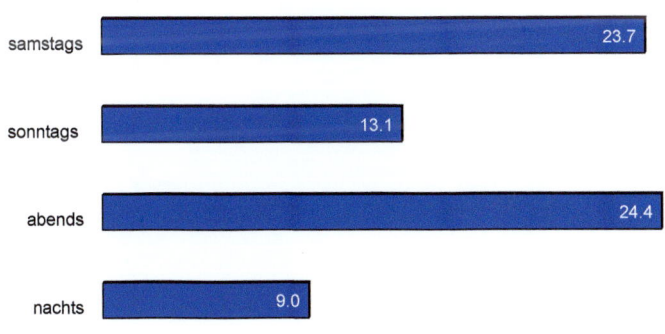

Abbildungen

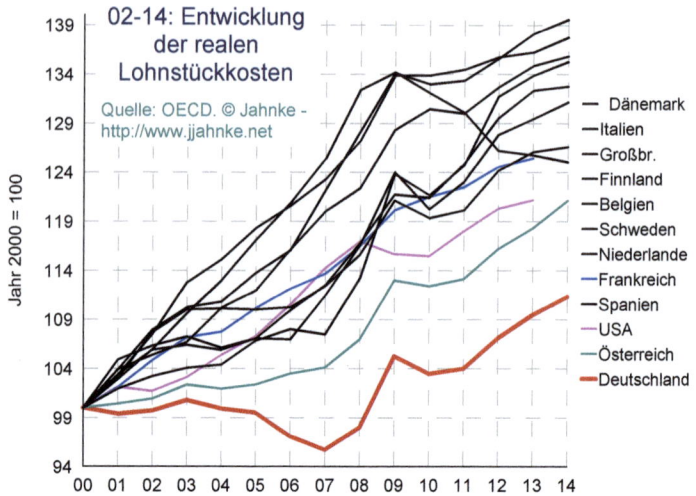

02-14: Entwicklung der realen Lohnstückkosten
Quelle: OECD. © Jahnke - http://www.jjahnke.net

02-15: Anteil von Menschen mit selbst wahrgenommener dauerhafter starker gesundheitlichen Behinderung (mindestens 6 Monate) 2013 in %

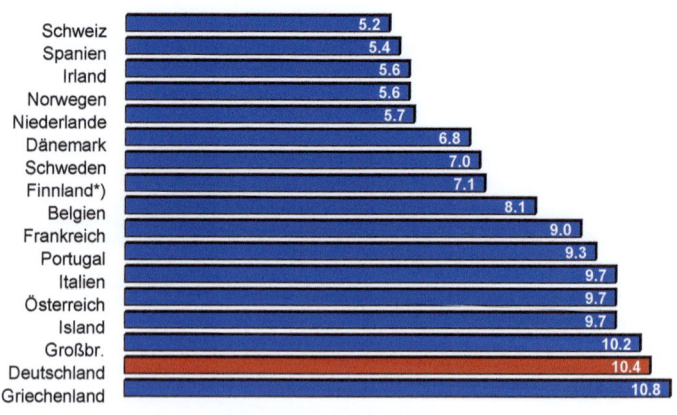

Schweiz	5.2
Spanien	5.4
Irland	5.6
Norwegen	5.6
Niederlande	5.7
Dänemark	6.8
Schweden	7.0
Finnland*)	7.1
Belgien	8.1
Frankreich	9.0
Portugal	9.3
Italien	9.7
Österreich	9.7
Island	9.7
Großbr.	10.2
Deutschland	10.4
Griechenland	10.8

Quelle: Eurostat, *) 2012. © Jahnke - http://www.jjahnke.net

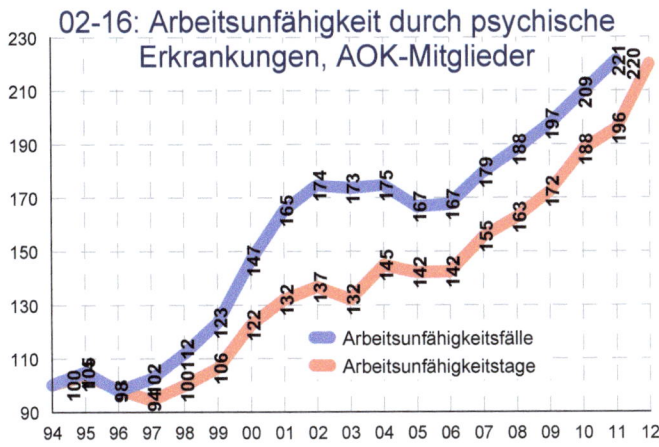

02-16: Arbeitsunfähigkeit durch psychische Erkrankungen, AOK-Mitglieder

Quelle: AOK-Fehlzeitenreport 2013. © Jahnke - http://www.jjahnke.net

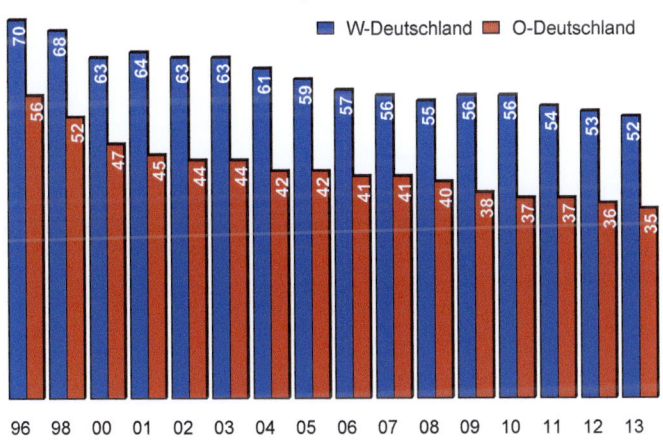

02-17: Branchentarifbindung der Beschäftigten in Deutschland

Quelle: ab 1996 IAB. © Jahnke - http://www.jjahnke.net

Abbildungen

03-1: Einkommensentwicklung bis Q1 2015

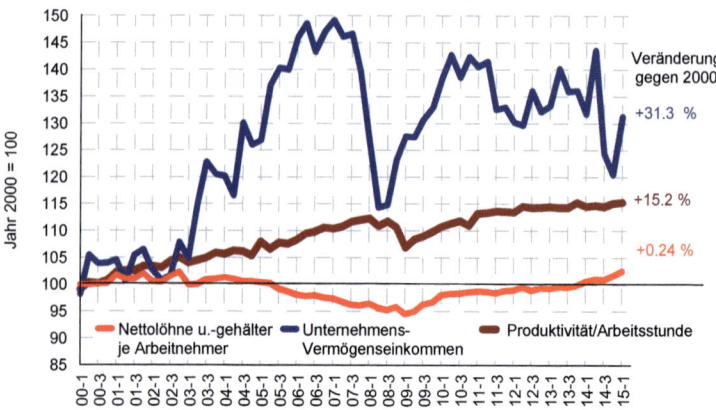

Quelle: Statistisches Bundesamt, Werte zu Preisen von 2000, Nettolöhne u.-gehälter verbraucherpreisbereinigt, Unternehmens-Vermögenseinkommen BIP-Inflator bereinigt.
© Joachim Jahnke - http://www.jjahnke.net/

03-2: Entwicklung der Brutto-Monatsverdienste von Vollzeitbeschäftigten nach Leistungsgruppen (real)

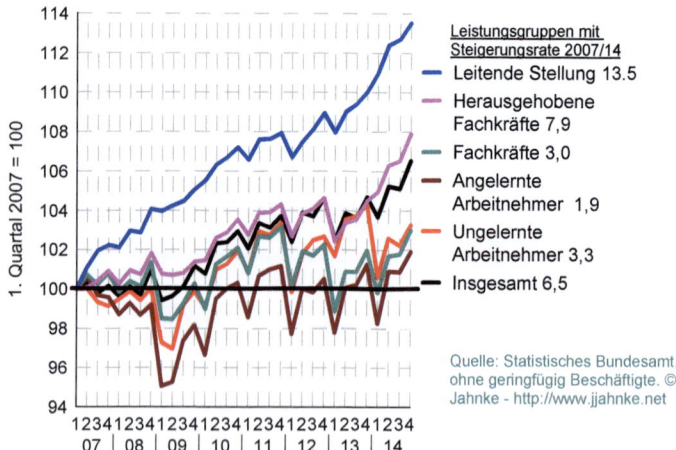

Quelle: Statistisches Bundesamt, ohne geringfügig Beschäftigte. © Jahnke - http://www.jjahnke.net

03-3: Reale Lohnentwicklung in W-Europa und USA

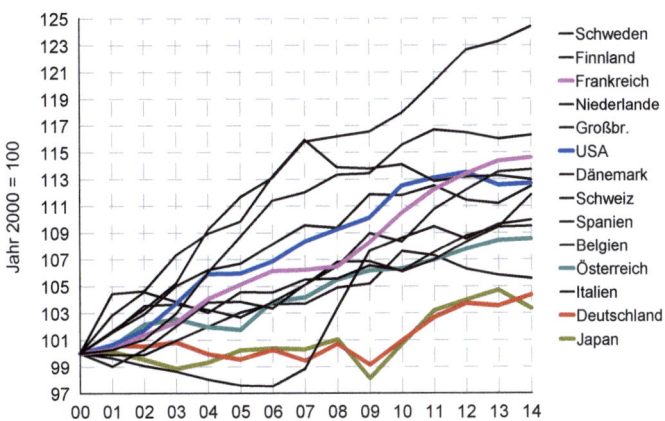

Quelle: EU-Kommission (AMECO). © Jahnke - http://www.jjahnke.net

03-4: Eigentümerstruktur der 30 größten deutschen Unternehmen (Dax-30) 2014

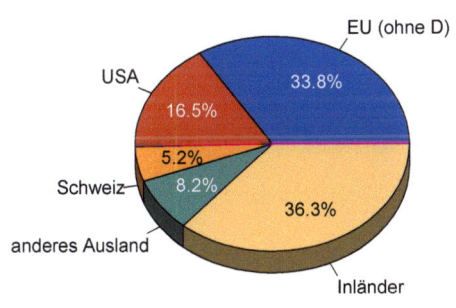

Quelle: Bundesbank. © Jahnke - http://www.jjahnke.net

Abbildungen

03-5: Anteil der Mitarbeiter in Deutschland der 30 größten börsengehandelten deutschen Unternehmen

2007   2011

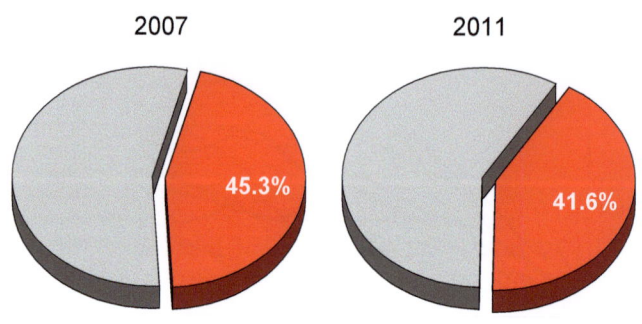

Quelle: Ernst & Young. © Jahnke - http://www.jjahnke.net

03-6: Anteil der Niedriglohnbeschäftigten unter sozialversicherungspflichtig Vollzeitbeschäftigten in %

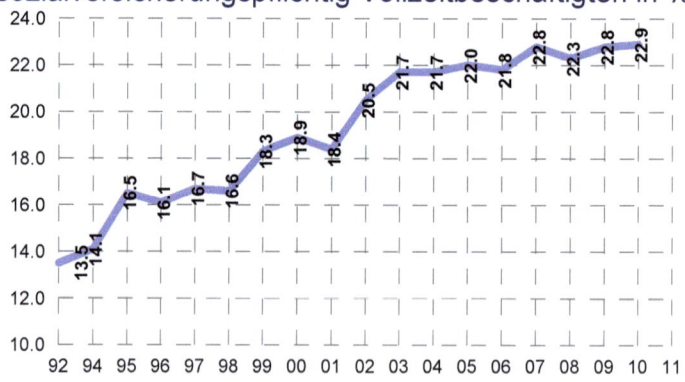

Quelle: IAQ-Report 2012-1, ost-west differenzierte Niedriglohnschwelle.. © Jahnke - http://www.jjahnke.net

04-1: Globaler Vermögensanteil in %

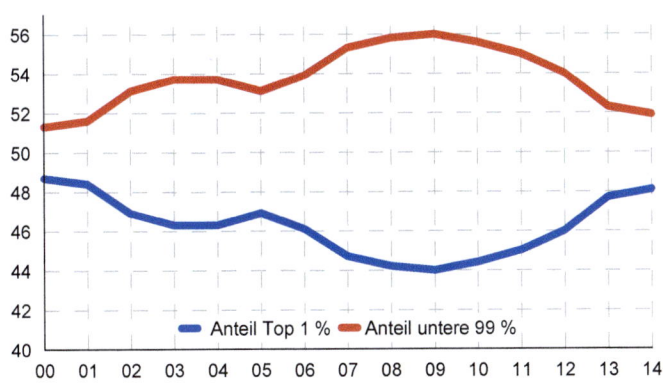

Quelle: Oxfam, Januar 2015, Credit Suisse. © Jahnke - http://www.jjahnke.net

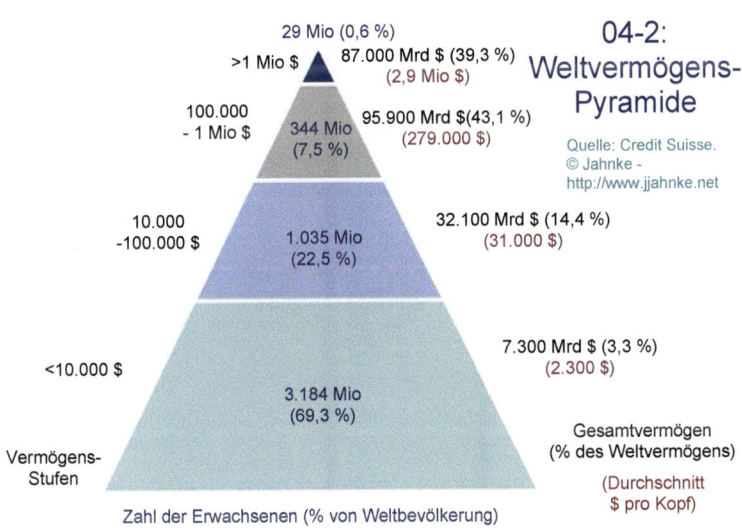

04-2: Weltvermögens-Pyramide

Quelle: Credit Suisse.
© Jahnke -
http://www.jjahnke.net

04-3: Anteile der individuellen Nettovermögen nach Dezilen (Zehnteln) in Deutschland 2007 in % <u>mit Berücksichtigung der Superreichen</u>: Die obersten 30 % haben 91,1 % aller Vermögen, die untersten 30 % gar nichts oder nur Schulden

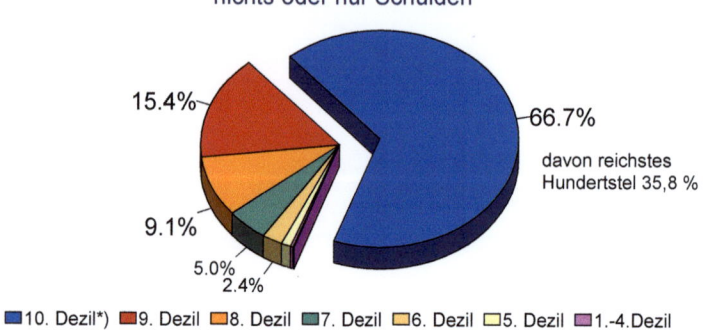

■10. Dezil*) ■9. Dezil ■8. Dezil ■7. Dezil ■6. Dezil □5. Dezil ■1.-4.Dezil

Quelle: DIW, SOEP-Papier 397, 2011, *) reichstes Zehntel. © Jahnke - http://www.jjahnke.net

04-4: Die Netto-Vermögenspyramide in Dezilen 2007 in 1.000 Euro (mit oberstem Prozent und Tausendstel)

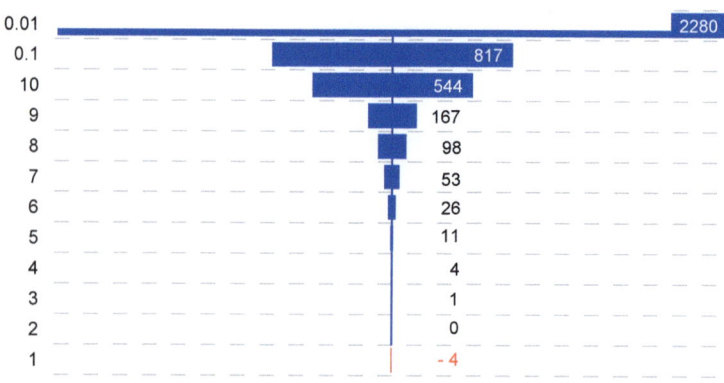

Quelle: SOEP, Berechnungen des DIW, zum obersten Perzentil DGB NRW in "Modelle für eine Zukunftsanleihe", 20.3.09. © Jahnke - http://www.jjahnke.net

04-5: Zunahme oder Abnahme der sozialen Ungleichheit?

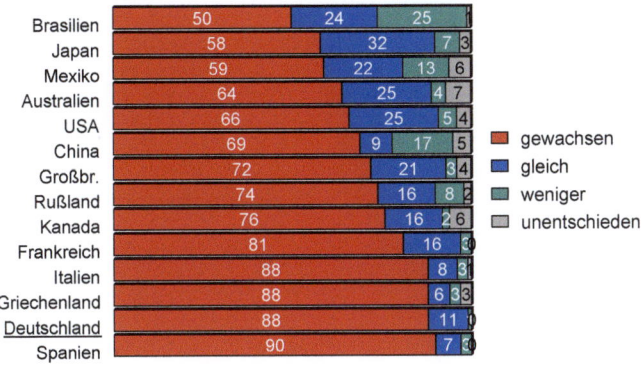

Quelle: PEW, Global Attitudes Projekt, Mai 2013. © Jahnke - http://www.jjahnke.net

4-6: Anteil der Personen innerhalb der Schicht, die ihre Einkommensposition über drei Jahre beibehalten

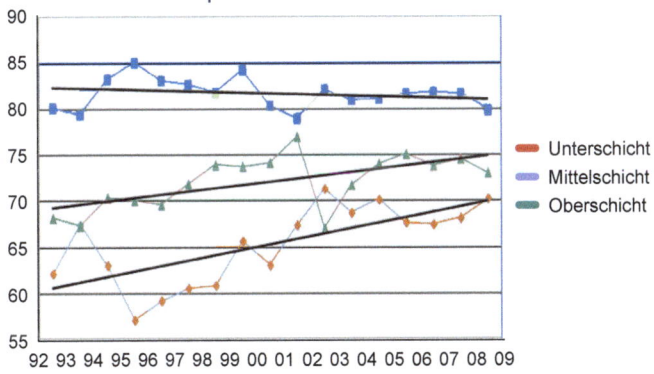

Quelle: DIW, Bertelsmann-Stiftung, Mittelschichtsgesellschaft unter Druck?" , Dez.2012, Einkommensposition basierend auf dem Median der bedarfsgewichteten Haushaltsnettoeinkommen (Vorjahreseinkommen) . © Jahnke - http://www.jjahnke.net

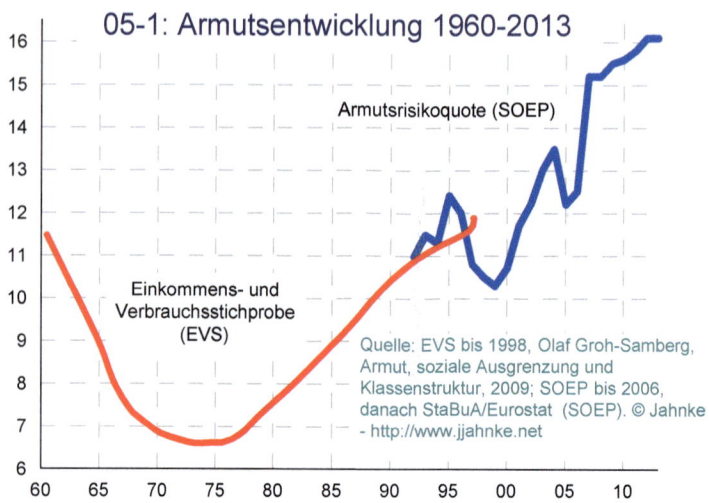

05-1: Armutsentwicklung 1960-2013

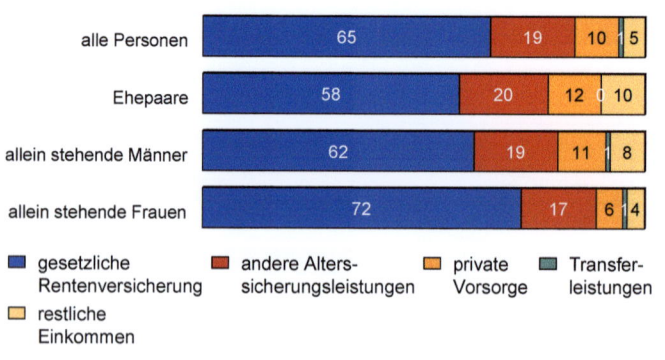

06-1: Anteile von Einkommenskomponenten am
Bruttoeinkommensvolumen (ab 65 Jahre) 2007

06-2: Rentenniveau in % des durchschn. Jahresarbeitsentgelts 1957 - 2030

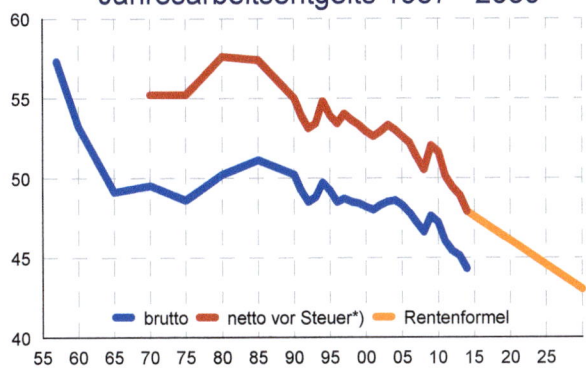

Quelle: Deutsche Rentenversicherung, 2014, *) Regelaltersrente gemindert um den allgemeinen Beitragsanteil sowie den durchschnittlichen Zusatzbeitrag zur Krankenversicherung und den Beitrag zur Pflegeversicherung. © Jahnke - http://www.jjahnke.net

06-3: Entwicklung der durchschn. Neurenten Männer Deutschland West

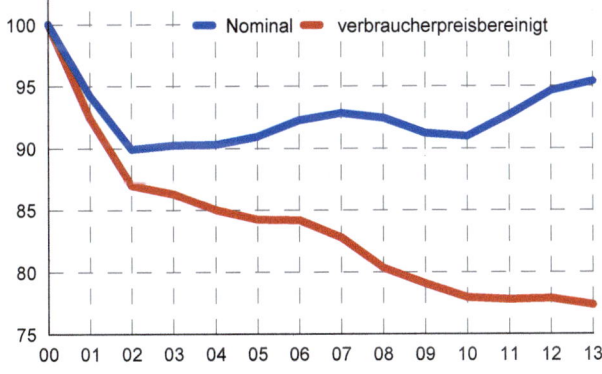

Quelle: Deutsche Rentenversicherung, Statistisches Bundesamt. Nach Abzug des Eigenanteils des Rentners zur KVdR und PVdR unter Berücksichtigung des geminderten Zugangsfaktors© Jahnke - http://www.jjahnke.net

Abbildungen

06-4: Entwicklung der Standardrente nach 45 Versicherungsjahren Deutschland West verbraucherpreisbereinigt

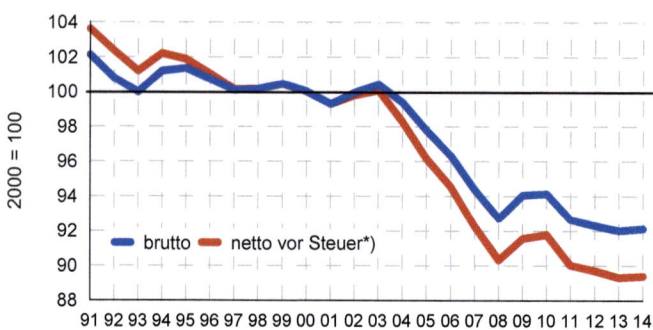

Quelle: Deutsche Rentenversicherung, 2014, *) Regelaltersrente gemindert um den allgemeinen Beitragsanteil sowie den durchschnittlichen Zusatzbeitrag zur Krankenversicherung und den Beitrag zur Pflegeversicherung. © Jahnke - http://www.jjahnke.net

06-5: Lebenserwartung bei Geburt nach Jahren und Einkommensgruppen in % des Durchschnitts- einkommens

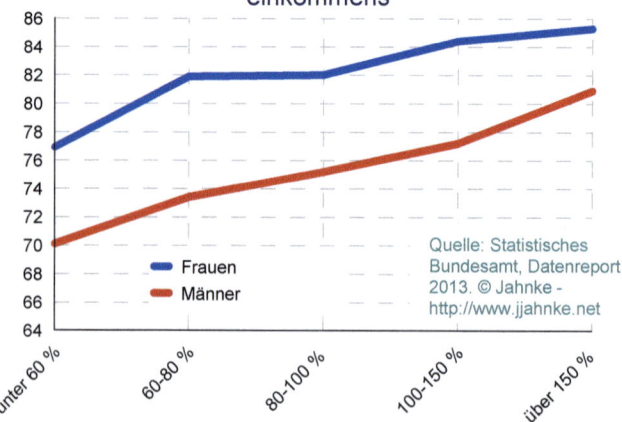

Quelle: Statistisches Bundesamt, Datenreport 2013. © Jahnke - http://www.jjahnke.net

116

06-6: Verbleibende Lebenserwartung mit 65 Jahren nach Einkommensgruppen in Jahren

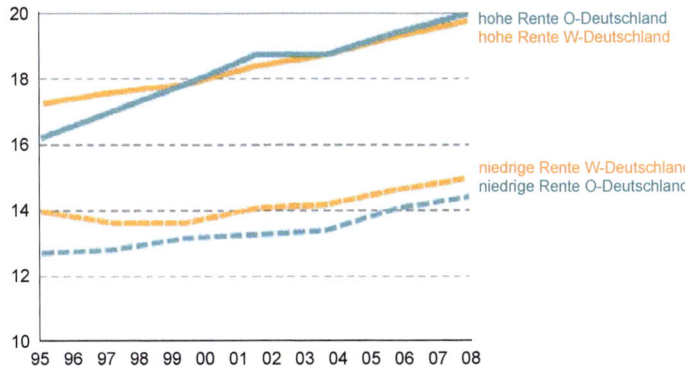

Quelle: Max-Planck-Institut für demografische Forschung, 2013. © Jahnke
http.www:jjahnke.net

06-8: Netto-Rentenniveau im Verhältnis zum letzten Arbeitseinkommen (Durchschnittseinkommen)

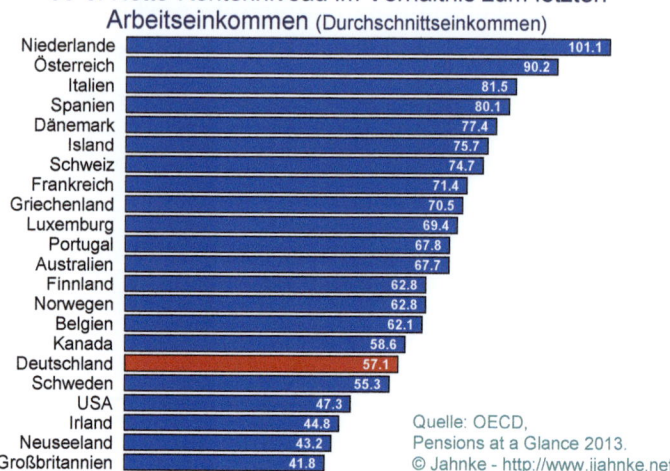

Quelle: OECD,
Pensions at a Glance 2013.
© Jahnke - http://www.jjahnke.net

06-9: Preisregulierung von Medikamenten, Ärzten und Krankenhäusern*)

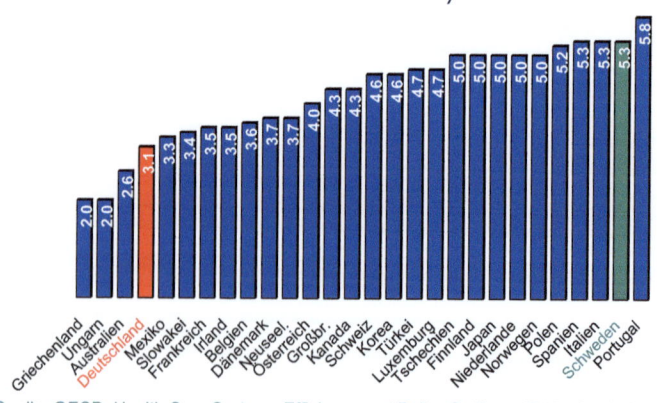

Quelle: OECD, Health Care Systems Efficiency and Policy Settings, 2010, ein niedriger Wert bedeutet wenig Regulierung. © Jahnke - http://www.jjahnke.net

07-1: Lesefähigkeit in Abhängigkeit vom Bildungsniveau der Eltern*)

Quelle: OECD, Skills Outlook, 2013, *) Unterschied zwischen Eltern ohne Oberschulabschluß und Eltern, von denen mindestens ein Teil Universitätsabschluß hat; **) Flandern. © Jahnke - http://www.jjahnke.net

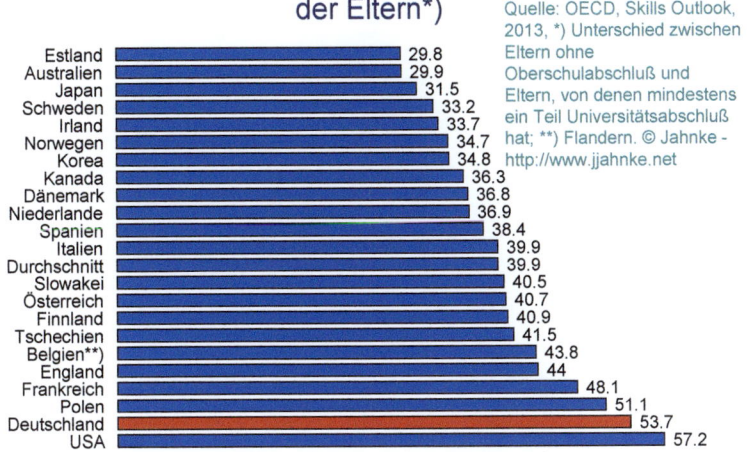

07-2: Anteil der Bildungsabsteiger an den Aufsteigern (gemessen an der Schulbildung der Eltern) in % 2012

Quelle: Quelle: OECD, Bildung auf einen Blick, 2014, 45 bis 64 Jahre alte Nicht-Studierte. © Jahnke, http://www.jjahnke.net. © Jahnke - http://www.jjahnke.net/

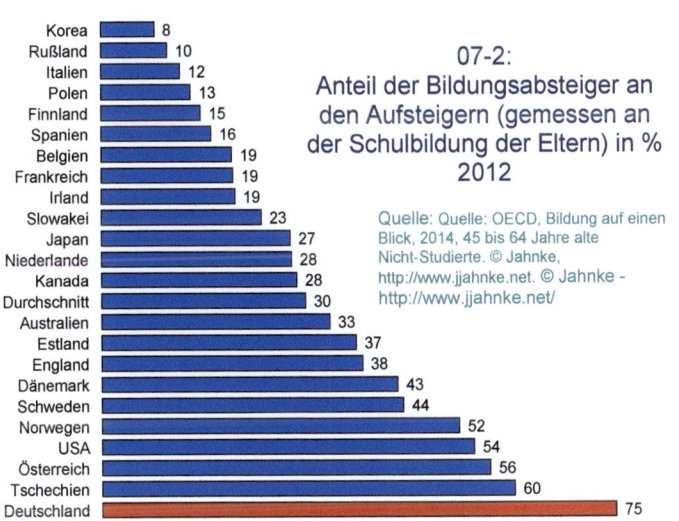

07-3: Zahl der Schüler pro Lehrer in der Grundschule 2012

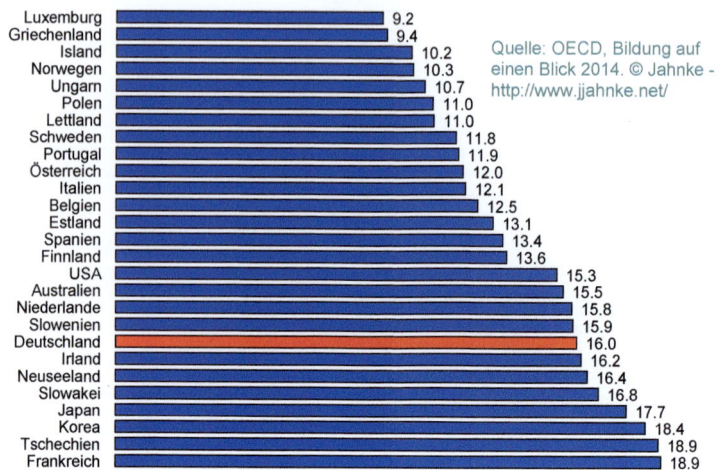

Quelle: OECD, Bildung auf einen Blick 2014. © Jahnke - http://www.jjahnke.net/

07-4: Ausgaben für Bildung in % BIP 2011

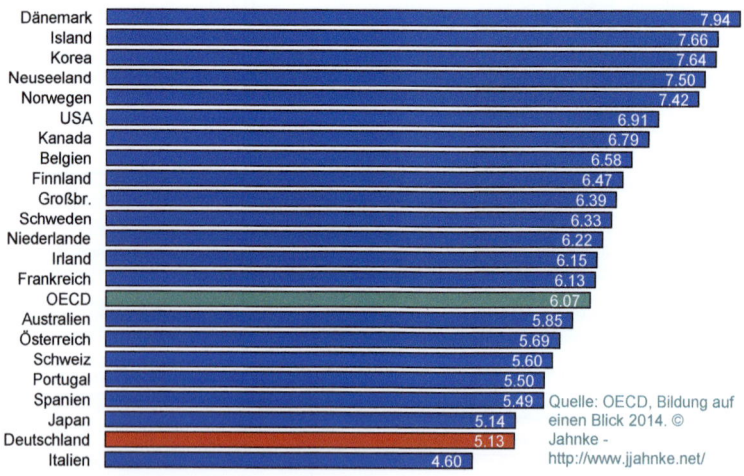

Quelle: OECD, Bildung auf einen Blick 2014. © Jahnke - http://www.jjahnke.net/

07-5: Veränderung in der Zahl der Teilnehmer/innen an Bildungseinrichtungen 1998/99 bis 2010/11 in %

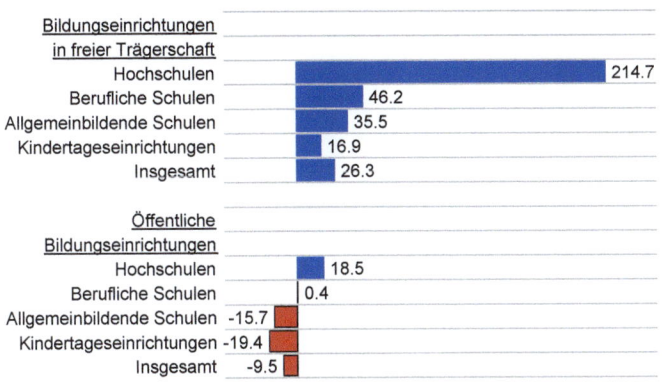

Quelle: Bildungsbericht 2012. © Jahnke - http://www.jjahnke.net

07-6: Vermögensmobilität in Deutschland zwischen 2002 und 2007

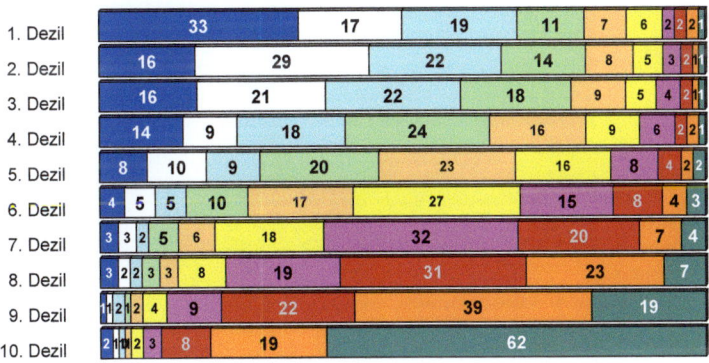

Quelle: Sachverständigenrat der Bundesregierung, 13.11.09, Lesehilfe: Der Wert 62 im Feld rechts unten gibt an, dass von jenen Personen, die sich 2002 im 10. Dezil befanden, 62 vH auch 2007 dem 10. Dezil angehörten. © Jahnke - http://www.jjahnke.net

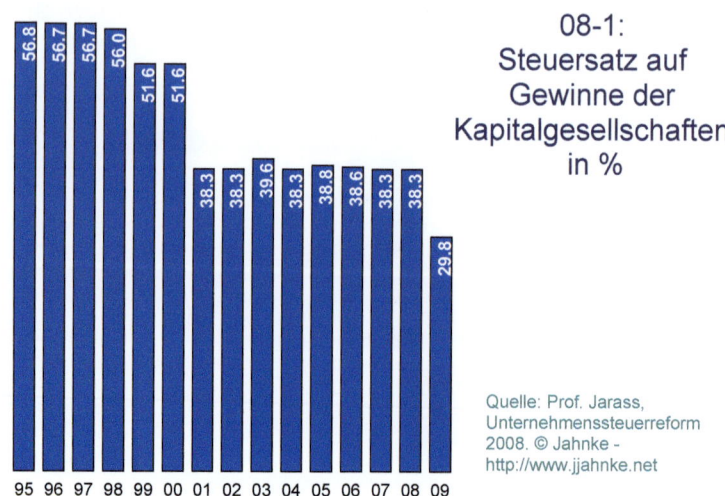

08-1:
Steuersatz auf
Gewinne der
Kapitalgesellschaften
in %

Quelle: Prof. Jarass,
Unternehmenssteuerreform
2008. © Jahnke -
http://www.jjahnke.net

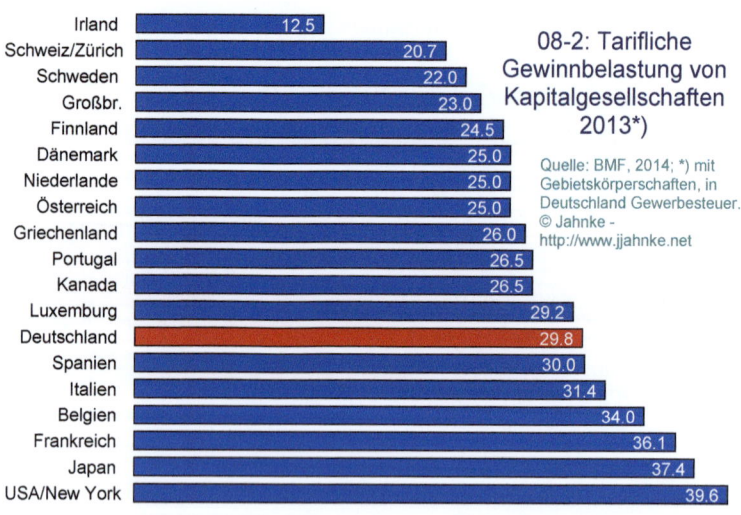

08-2: Tarifliche
Gewinnbelastung von
Kapitalgesellschaften
2013*)

Quelle: BMF, 2014; *) mit
Gebietskörperschaften, in
Deutschland Gewerbesteuer.
© Jahnke -
http://www.jjahnke.net

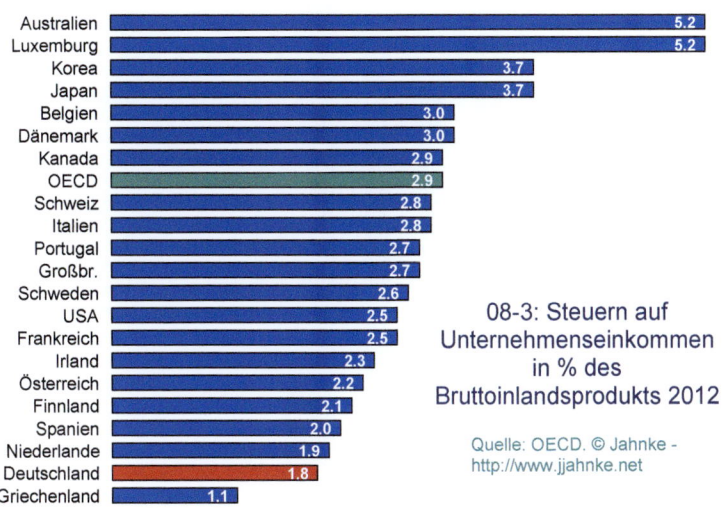

08-3: Steuern auf
Unternehmenseinkommen
in % des
Bruttoinlandsprodukts 2012

Quelle: OECD. © Jahnke -
http://www.jjahnke.net

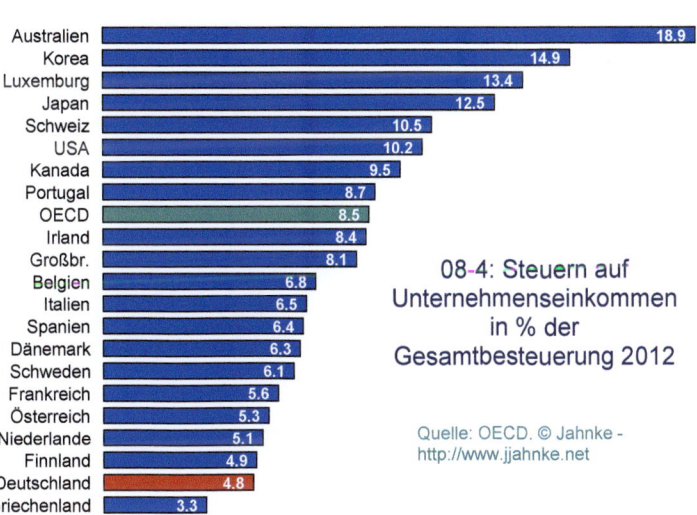

08-4: Steuern auf
Unternehmenseinkommen
in % der
Gesamtbesteuerung 2012

Quelle: OECD. © Jahnke -
http://www.jjahnke.net

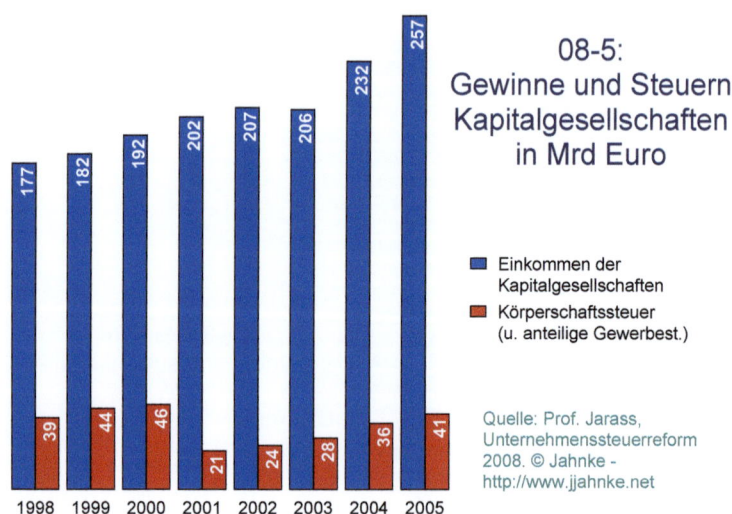

08-5:
Gewinne und Steuern
Kapitalgesellschaften
in Mrd Euro

■ Einkommen der
  Kapitalgesellschaften
■ Körperschaftssteuer
  (u. anteilige Gewerbest.)

Quelle: Prof. Jarass,
Unternehmenssteuerreform
2008. © Jahnke -
http://www.jjahnke.net

08-6: Aufkommen vermögensbezogener Steuern in
Deutschland in % BIP

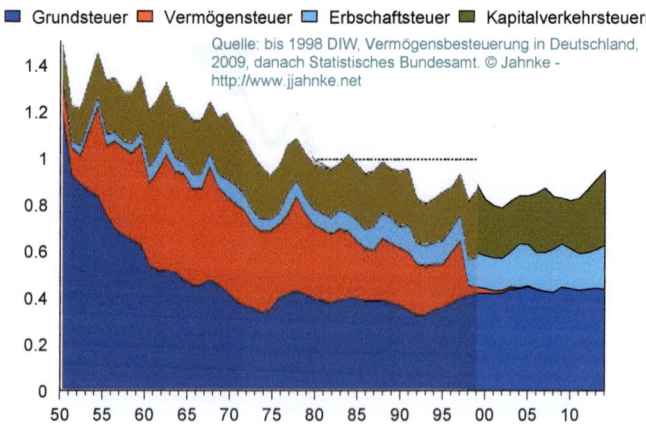

08-7: Einnahmen aus Vermögens- u.Erbschaftssteuer % Bruttoinlandsprodukt 2012

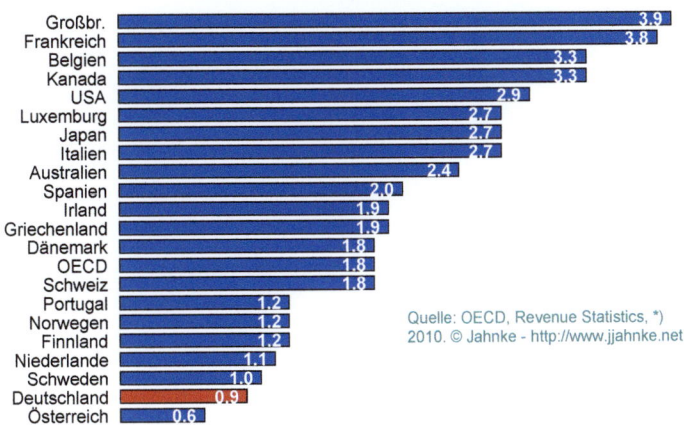

Quelle: OECD, Revenue Statistics, *)
2010. © Jahnke - http://www.jjahnke.net

08-8: Einkommenssteuer und Sozialversicherungsbeitrag einer Einzelperson ohne Kinder als % vom Arbeitseinkommen

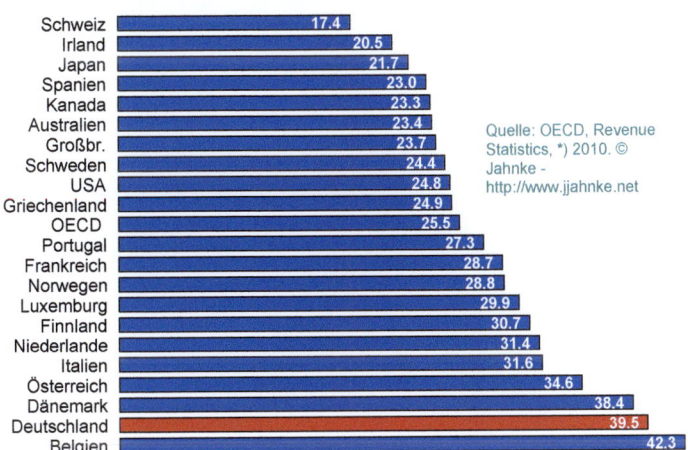

Quelle: OECD, Revenue Statistics, *) 2010. © Jahnke - http://www.jjahnke.net

Abbildungen

08-9: Steuerstruktur 2012

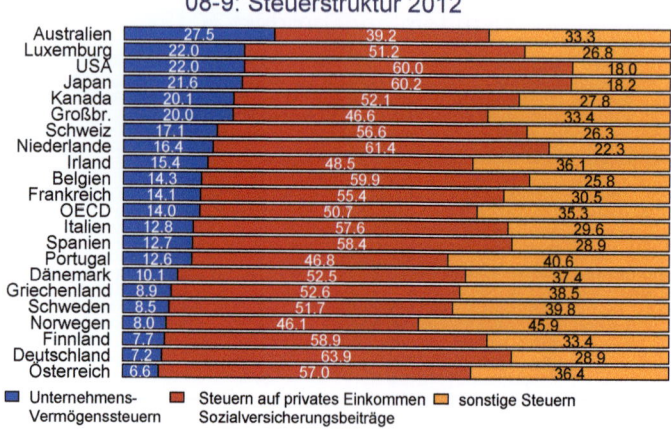

	Unternehmens-Vermögenssteuern	Steuern auf privates Einkommen Sozialversicherungsbeiträge	sonstige Steuern
Australien	27,5	39,2	33,3
Luxemburg	22,0	51,2	26,8
USA	22,0	60,0	18,0
Japan	21,6	60,2	18,2
Kanada	20,1	52,1	27,8
Großbr.	20,0	46,6	33,4
Schweiz	17,1	56,6	26,3
Niederlande	16,4	61,4	22,3
Irland	15,4	48,5	36,1
Belgien	14,3	59,9	25,8
Frankreich	14,1	55,4	30,5
OECD	14,0	50,7	35,3
Italien	12,8	57,6	29,6
Spanien	12,7	58,4	28,9
Portugal	12,6	46,8	40,6
Dänemark	10,1	52,5	37,4
Griechenland	8,9	52,6	38,5
Schweden	8,5	51,7	39,8
Norwegen	8,0	46,1	45,9
Finnland	7,7	58,9	33,4
Deutschland	7,2	63,9	28,9
Österreich	6,6	57,0	36,4

Quelle: OECD. © Jahnke - http://www.jjahnke.net

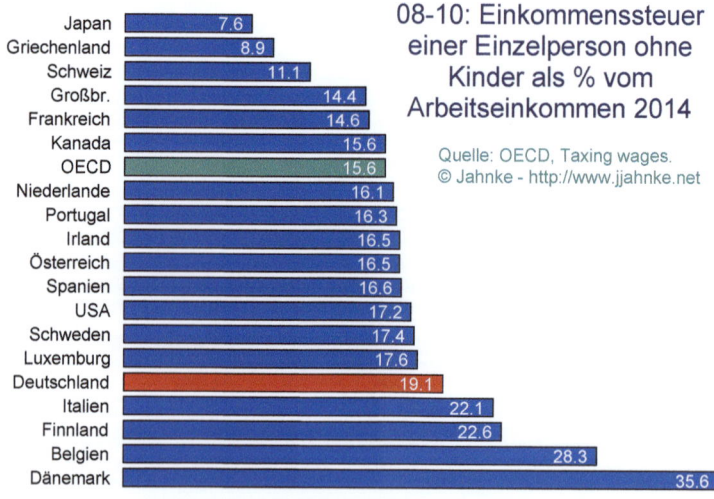

08-10: Einkommenssteuer einer Einzelperson ohne Kinder als % vom Arbeitseinkommen 2014

Quelle: OECD, Taxing wages.
© Jahnke - http://www.jjahnke.net

Japan	7,6
Griechenland	8,9
Schweiz	11,1
Großbr.	14,4
Frankreich	14,6
Kanada	15,6
OECD	15,6
Niederlande	16,1
Portugal	16,3
Irland	16,5
Österreich	16,5
Spanien	16,6
USA	17,2
Schweden	17,4
Luxemburg	17,6
Deutschland	19,1
Italien	22,1
Finnland	22,6
Belgien	28,3
Dänemark	35,6

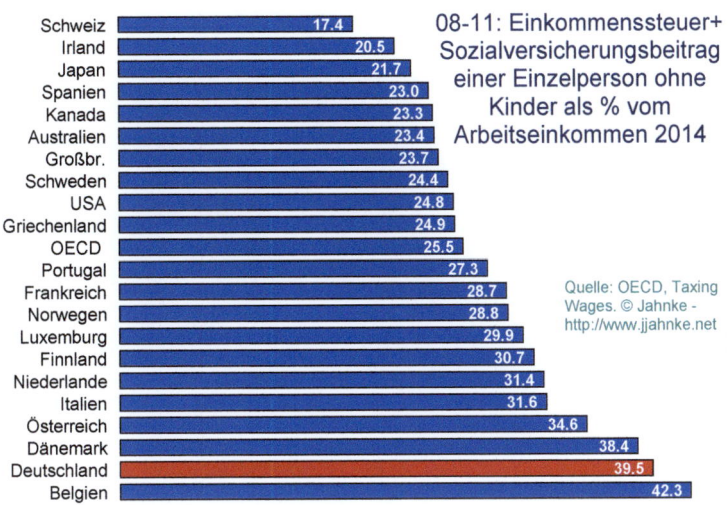

08-11: Einkommensteuer+
Sozialversicherungsbeitrag
einer Einzelperson ohne
Kinder als % vom
Arbeitseinkommen 2014

Quelle: OECD, Taxing
Wages. © Jahnke -
http://www.jjahnke.net

08-12: Deutscher Spitzensteuersatz mit Reichensteuer

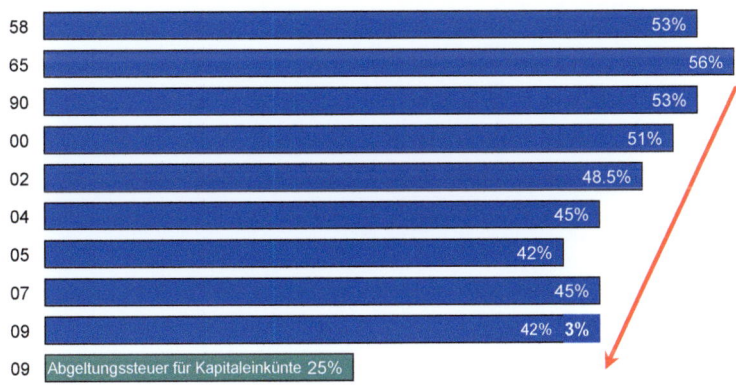

Quelle: BMF. © Joachim Jahnke - http://www.jjahnke.net/

Abbildungen

08-13: Steueraufkommen 2009 in Mrd Euro

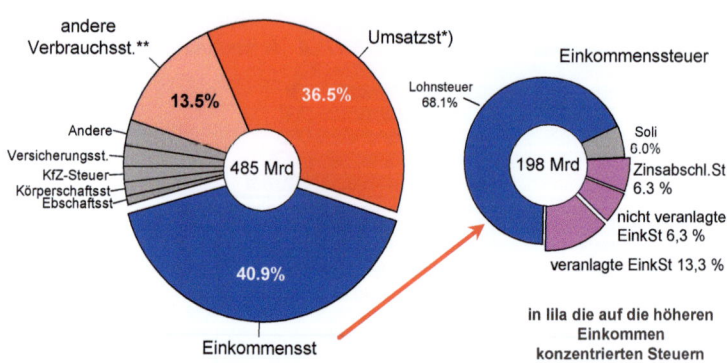

Quelle: Bundesfinanzministerium, *) inkl. Einfuhrumsatzsteuer, **) Tabak-, Kaffee-, Branntwein-, Alkopo-, Mineralöl- u. Stromsteuer. © Jahnke - http://www.jjahnke.net

09-1: Beschäftigungsformen bei kernerwerbstätigen*) Frauen 2013

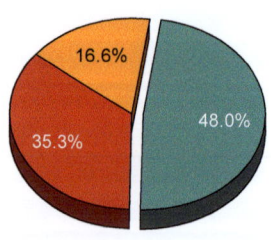

☐ normal beschäftigt ☐ Teilzeit >20 Std ■ atypisch beschäftigt**)

Quelle: Statistisches Bundesamt, *) Zu den Kernerwerbstätigen werden alle Erwerbstätigen im Alter von 15 bis 64 Jahren ohne Personen in Bildung oder Ausbildung (Schüler, Studenten, Auszubildende) und ohne Wehr-, Zivil- sowie Freiwilligendienstleistende gezählt; **) Teilzeitbeschäftigungen mit 20 oder weniger Arbeitsstunden pro Woche, geringfügig entlohnte Beschäftigungen, befristete Beschäftigungen sowie Zeitarbeitsverhältnisse. © Jahnke - http://www.jjahnke.net

09-2: Entwicklung des Anteils der atypischen Frauen-Beschäftigung an abhängiger Beschäftigung in %

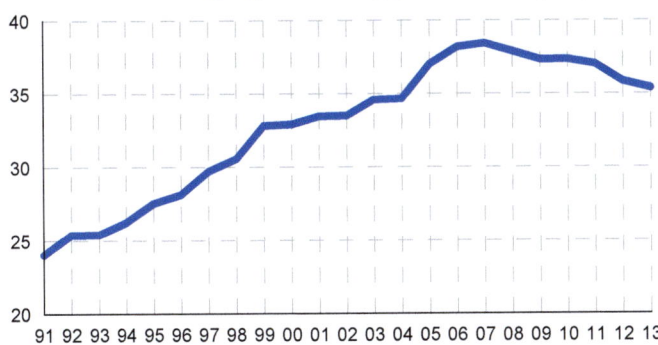

Quelle: Statistisches Bundesamt: Teilzeitbeschäftigungen mit 20 oder weniger Arbeitsstunden pro Woche, geringfügig entlohnte Beschäftigungen, befristete Beschäftigungen sowie Zeitarbeitsverhältnisse. © Jahnke - http://www.jjahnke.net

09-3: Entwicklung der geringfügigen Entlohnung von Frauen

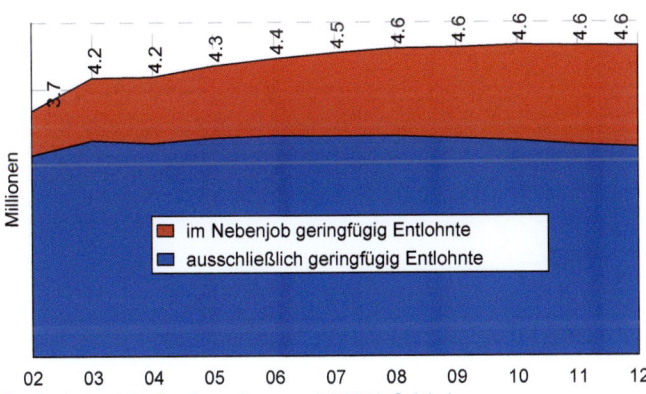

Quelle: Antwort der Bundesregierung v. 6.3.2014. © Jahnke - http://www.jjahnke.net

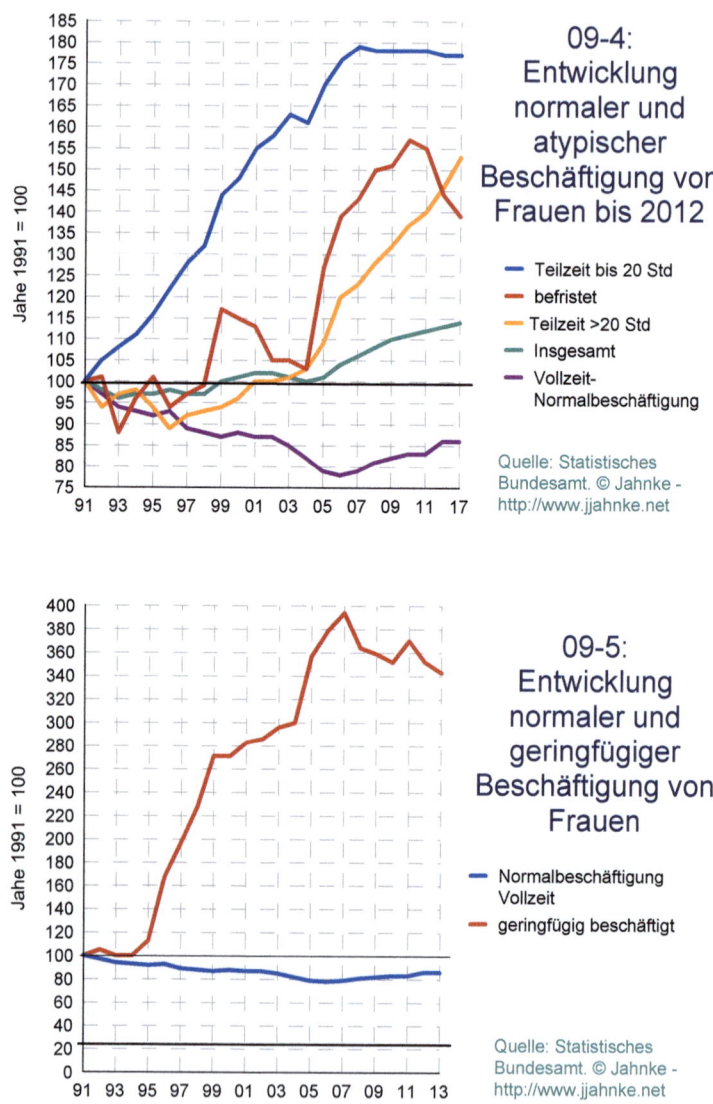

09-4:
Entwicklung
normaler und
atypischer
Beschäftigung von
Frauen bis 2012

— Teilzeit bis 20 Std
— befristet
— Teilzeit >20 Std
— Insgesamt
— Vollzeit-
  Normalbeschäftigung

Quelle: Statistisches
Bundesamt. © Jahnke -
http://www.jjahnke.net

09-5:
Entwicklung
normaler und
geringfügiger
Beschäftigung von
Frauen

— Normalbeschäftigung
  Vollzeit
— geringfügig beschäftigt

Quelle: Statistisches
Bundesamt. © Jahnke -
http://www.jjahnke.net

09-6: Vollzeitbeschäftigte als Anteil an allen beschäftigten Frauen in W-Europa in %

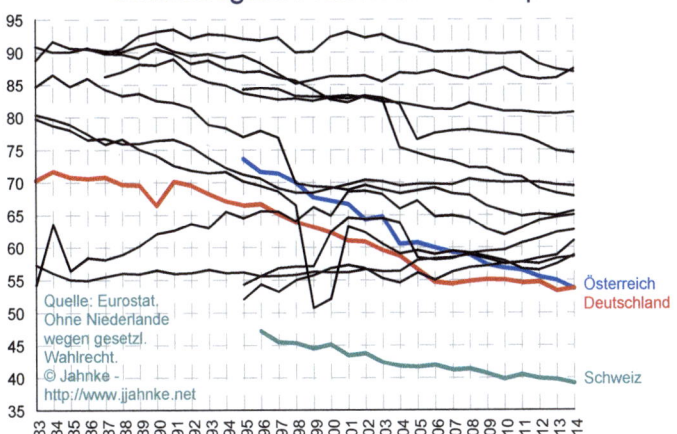

Quelle: Eurostat.
Ohne Niederlande
wegen gesetzl.
Wahlrecht.
© Jahnke -
http://www.jjahnke.net

Österreich
Deutschland
Schweiz

09-7: Frauen im Alter von 15 bis 39 Jahre in Teilzeitbeschäftigung mit Hauptgrund Betreuung von Kindern und Angehörigen (Anteil in %)

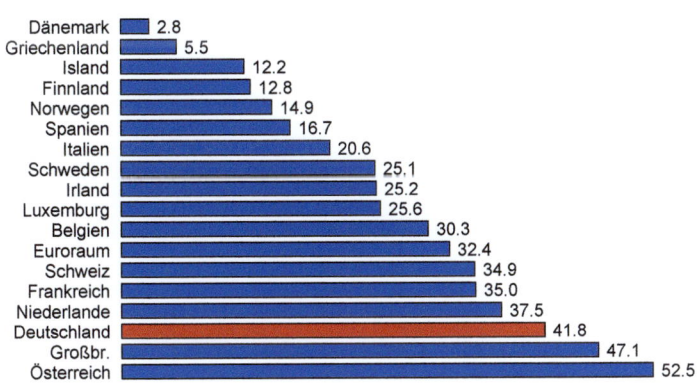

Dänemark	2.8
Griechenland	5.5
Island	12.2
Finnland	12.8
Norwegen	14.9
Spanien	16.7
Italien	20.6
Schweden	25.1
Irland	25.2
Luxemburg	25.6
Belgien	30.3
Euroraum	32.4
Schweiz	34.9
Frankreich	35.0
Niederlande	37.5
Deutschland	41.8
Großbr.	47.1
Österreich	52.5

Quelle: Eurostat. © Jahnke - http://www.jjahnke.net

09-8: Frauen als erwerbstätige Leistungsbezieher im SGB II (in Tausend)

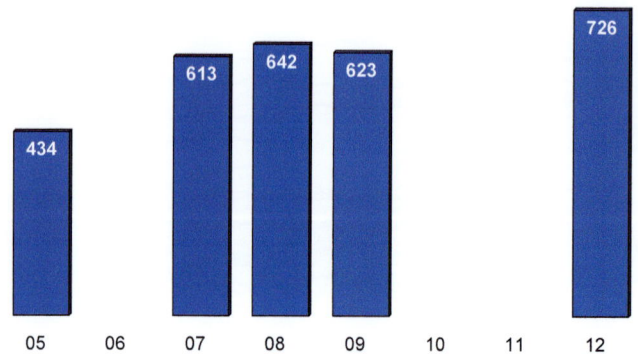

Quelle: Antwort der Bundesregierung auf die Kleine Anfrage der Partei "Die Linke"
v. 2.3.10, für 2012 Bundesagentur für Arbeit © Jahnke - http://www.jjahnke.net

07-9: Durchschnittliche Bruttlostundenverdienste in Euro für Männer und Frauen in Deutschland und Unterschied

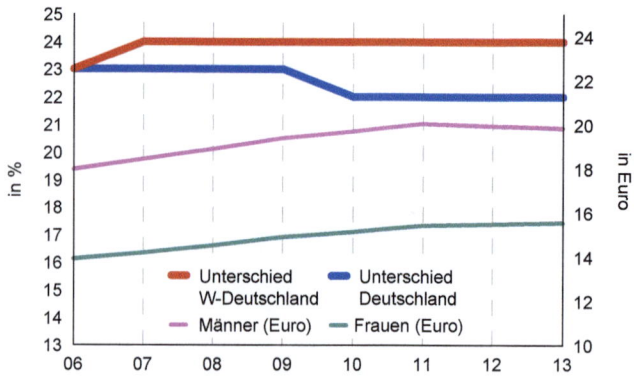

Quelle: Statistisches Bundesamt. © Jahnke - http://www.jjahnke.net

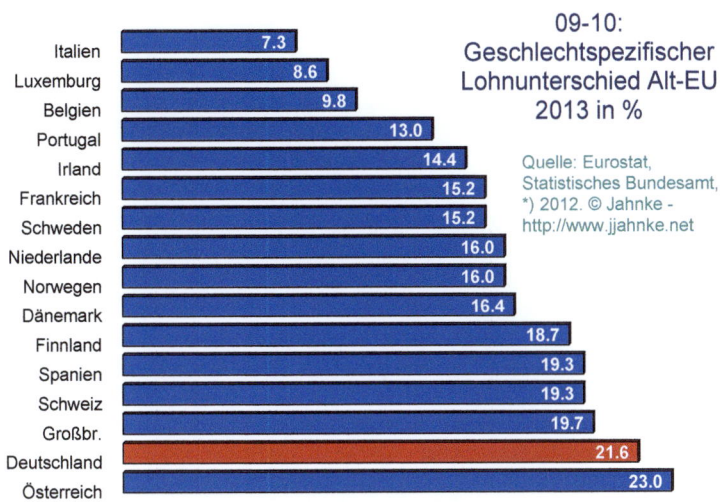

09-10:
Geschlechtspezifischer
Lohnunterschied Alt-EU
2013 in %

Quelle: Eurostat,
Statistisches Bundesamt,
*) 2012. © Jahnke -
http://www.jjahnke.net

09-11: Anteile von Einkommenskomponenten am Bruttoeinkommensvolumen (ab 65 Jahre) 2007

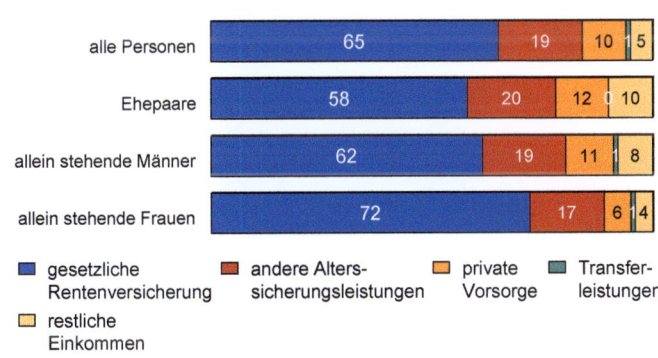

gesetzliche Rentenversicherung
andere Alterssicherungsleistungen
private Vorsorge
Transferleistungen
restliche Einkommen

Quelle: Rentenentwicklung und Altersarmut, Studie im Auftrag der
Volkssolidarität, März 2011. © Jahnke - http://www.jjahnke.net

09-12: Rentenschichtung in % der monatlichen Zahlbeträge alte Bundesländer Ende 2012

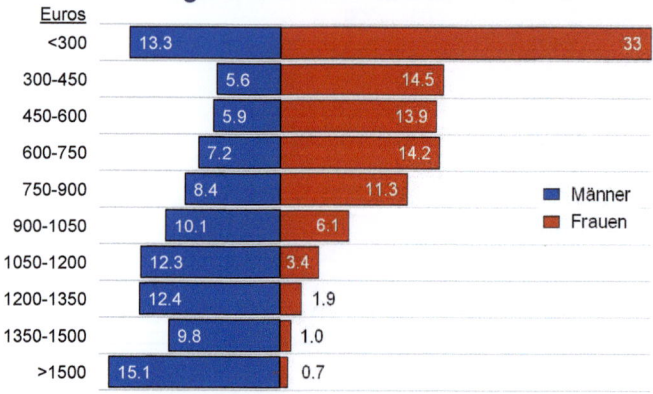

Quelle: Deutsche Sozialversicherung, Renten wegen Alters und verminderter Erwerbsfähigkeit. © Jahnke - http://www.jjahnke.net

09-13: Anteil der Versichertenrenten an Frauen mit Zahlbetrag unterhalb des durchschnittlichen Bruttobetrags in der Grundsicherung im Alter in %

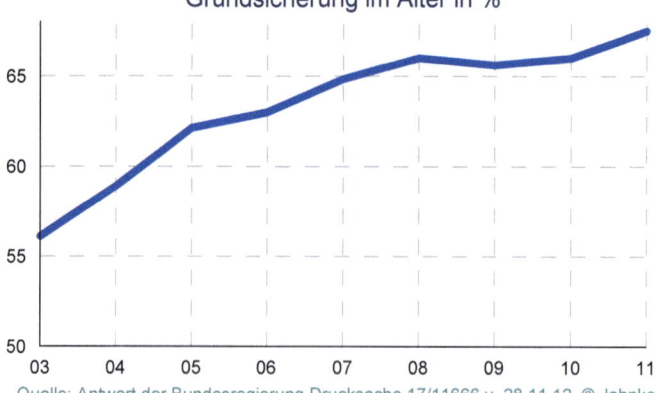

Quelle: Antwort der Bundesregierung Drucksache 17/11666 v. 28.11.12. © Jahnke - http://www.jjahnke.net

09-14: Durchschnittlicher monatlicher Bruttobetrag in Euro je Bezieherin von Alterssicherungsleistungen - Frauen ab 65 Jahren nach Kinderzahl 2011

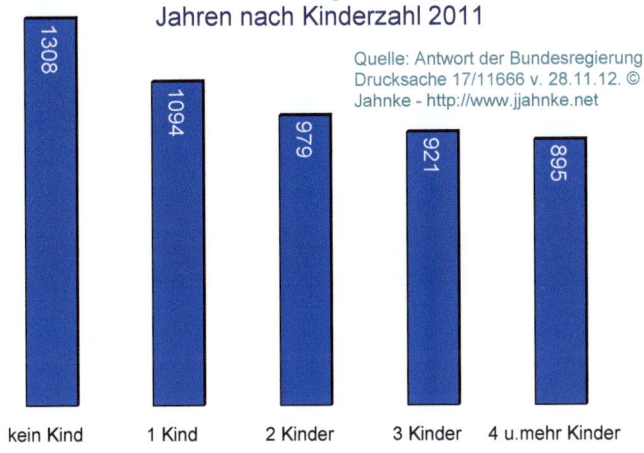

Quelle: Antwort der Bundesregierung
Drucksache 17/11666 v. 28.11.12. ©
Jahnke - http://www.jjahnke.net

09-15: Unterschied in den Alterssicherungseinkünften von Männer und Frauen in der Alt-EU 2012 in %

Quelle: EUROPEAN COMMISSION, 14.4.2014, SWD(2014) 142 final, COMMISSION STAFF
WORKING DOCUMENT. Gender Pay Gap figures based on Eurostat's Structure of Earnings
Database for 2012. The gender gap in pension income is based on EU-SILC 2011 data, and
calculated by the European Network of Experts on Gender Equality.

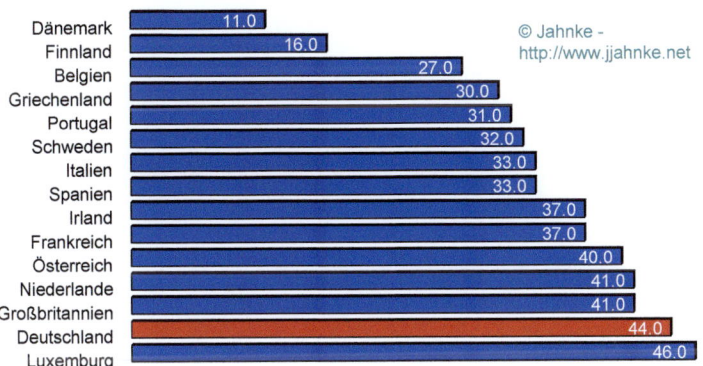

© Jahnke - http://www.jjahnke.net

9-16: Frauen und Männer zwischen Erbwerbsarbeit und unbezahlter Arbeit 2012/13 in Stunden/Woche

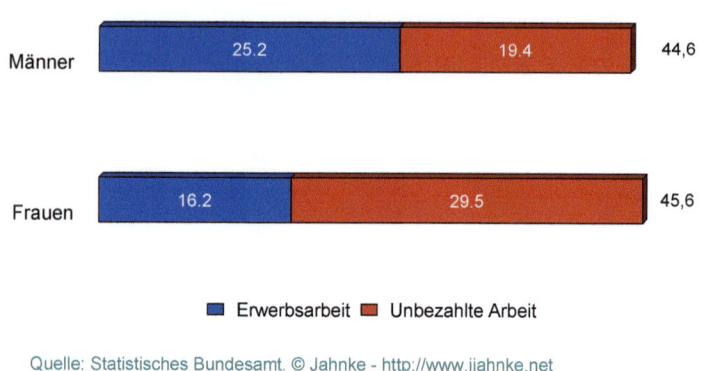

Quelle: Statistisches Bundesamt. © Jahnke - http://www.jjahnke.net

09-17: Mehrarbeit von Eltern zwischen 18 und 64 Jahren gegenüber Kinderlosen 2012/13 in Stunden/Woche

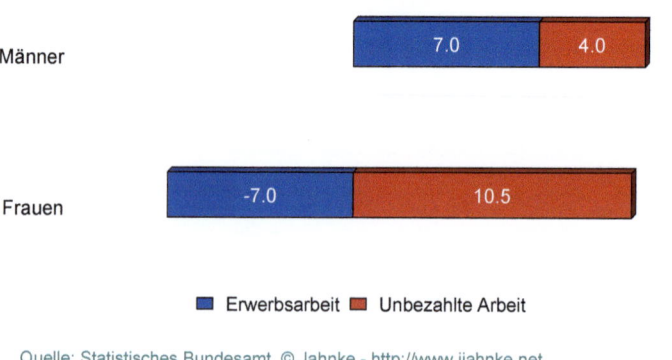

Quelle: Statistisches Bundesamt. © Jahnke - http://www.jjahnke.net

09-18: Erwerbs-Arbeitszeit von Männern und Frauen zwischen 25 und 49 Jahren mit und ohne Kinder in Stunden/Woche 2013

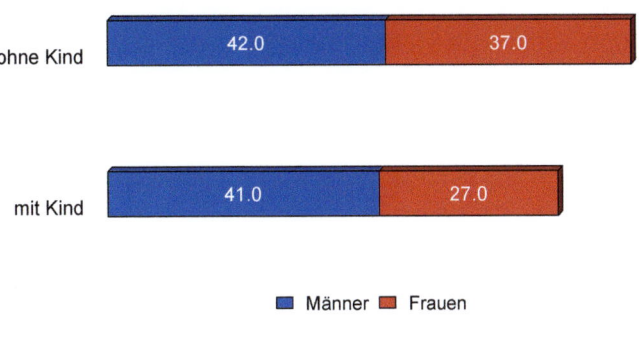

Quelle: Statistisches Bundesamt. © Jahnke - http://www.jjahnke.net

09-19: Anteil der Frauen im Alter von 15 bis 64 Jahren in Vollzeitbeschäftigung an allen Frauen dieser Altersgruppe in Westeuropa

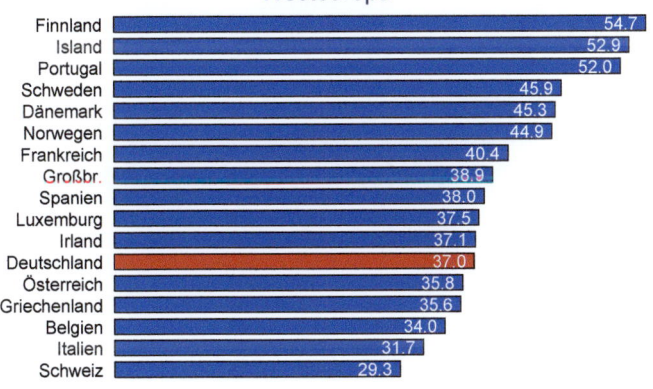

Quelle: Eurostat, ohne Niederlande wegen Sondersituation (gesetzliches Recht des Wechsels zwischen Voll- und Teilzeit). © Jahnke - http://www.jjahnke.net

Abbildungen

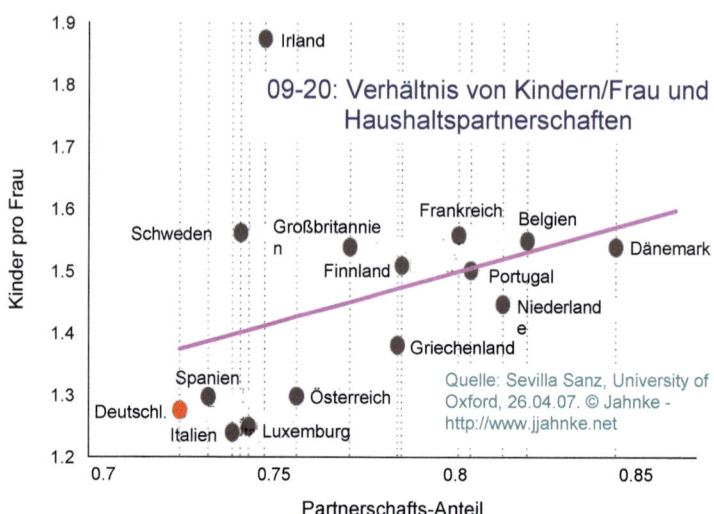

09-20: Verhältnis von Kindern/Frau und Haushaltspartnerschaften

Quelle: Sevilla Sanz, University of Oxford, 26.04.07. © Jahnke - http://www.jjahnke.net

09-21: Gleichheitsindex bei Arbeit in Haushalt und Erziehung

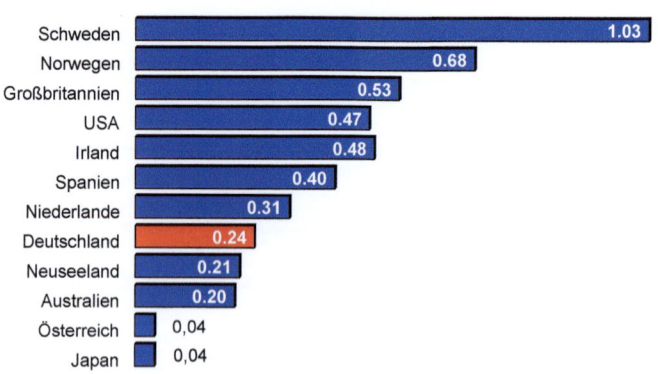

Quelle: Sevilla Sanz, University of Oxford, 26.4.07, Division of Household Labor and Cross-Country Differences in Household Formation Rates. © Jahnke - http://www.jjahnke.net

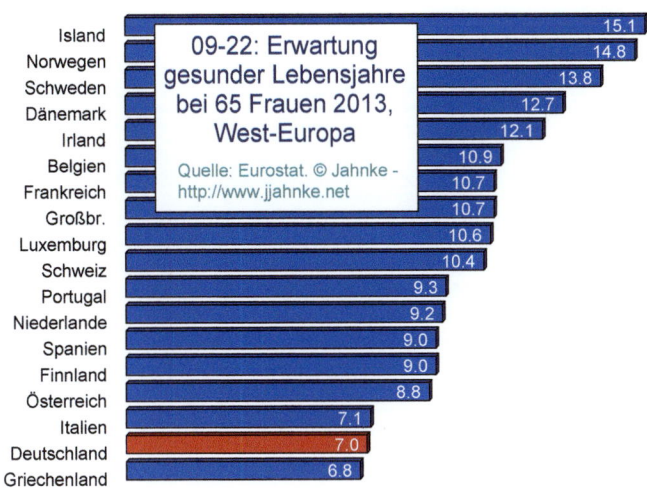

09-22: Erwartung gesunder Lebensjahre bei 65 Frauen 2013, West-Europa

Quelle: Eurostat. © Jahnke - http://www.jjahnke.net

09-23: Geburtenziffer pro Frauen 15-45 in Deutschland bis 2013

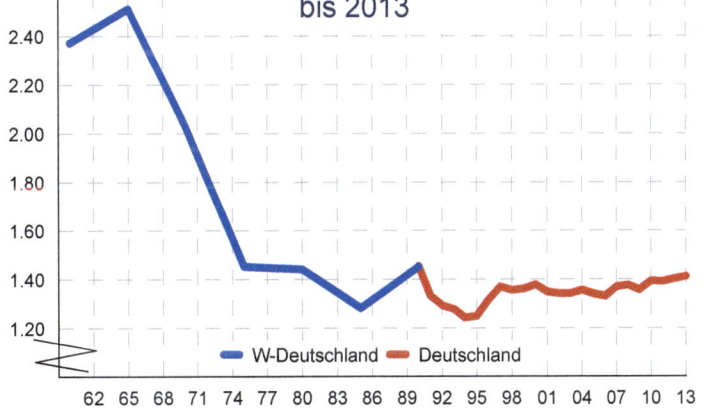

Quelle: Statistisches Bundesamt. © Jahnke - http://www.jjahnke.net/

Abbildungen

09-24: Fruchtbarkeitsraten (Kinder pro Frau) 2012

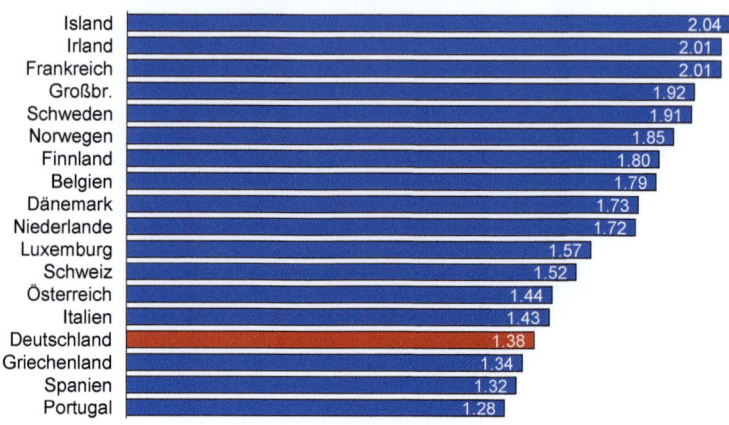

Island	2.04
Irland	2.01
Frankreich	2.01
Großbr.	1.92
Schweden	1.91
Norwegen	1.85
Finnland	1.80
Belgien	1.79
Dänemark	1.73
Niederlande	1.72
Luxemburg	1.57
Schweiz	1.52
Österreich	1.44
Italien	1.43
Deutschland	1.38
Griechenland	1.34
Spanien	1.32
Portugal	1.28

Quelle: Eurostat. © Jahnke - http://www.jjahnke.net/

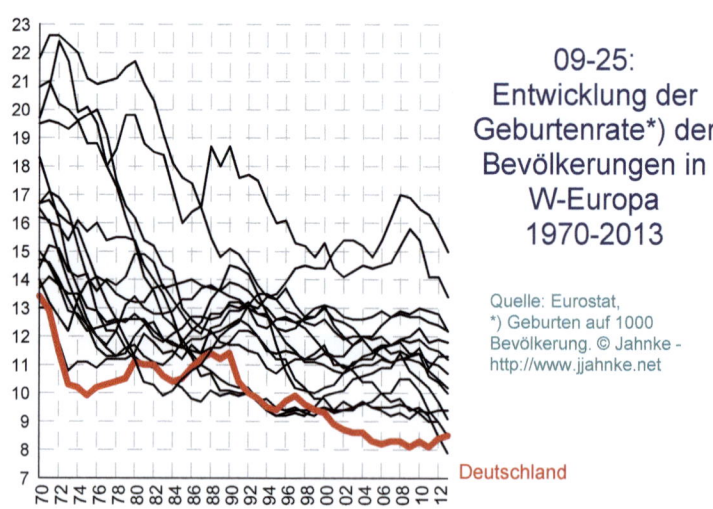

09-25: Entwicklung der Geburtenrate*) der Bevölkerungen in W-Europa 1970-2013

Quelle: Eurostat, *) Geburten auf 1000 Bevölkerung. © Jahnke - http://www.jjahnke.net

Deutschland

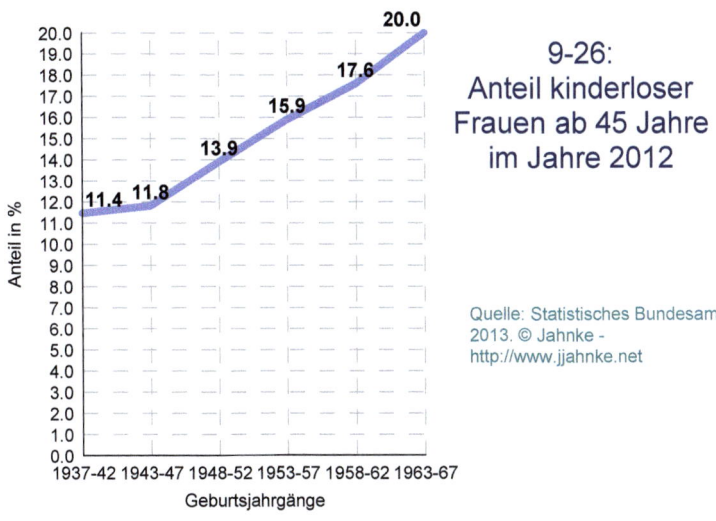

9-26:
Anteil kinderloser
Frauen ab 45 Jahre
im Jahre 2012

Quelle: Statistisches Bundesamt
2013. © Jahnke -
http://www.jjahnke.net

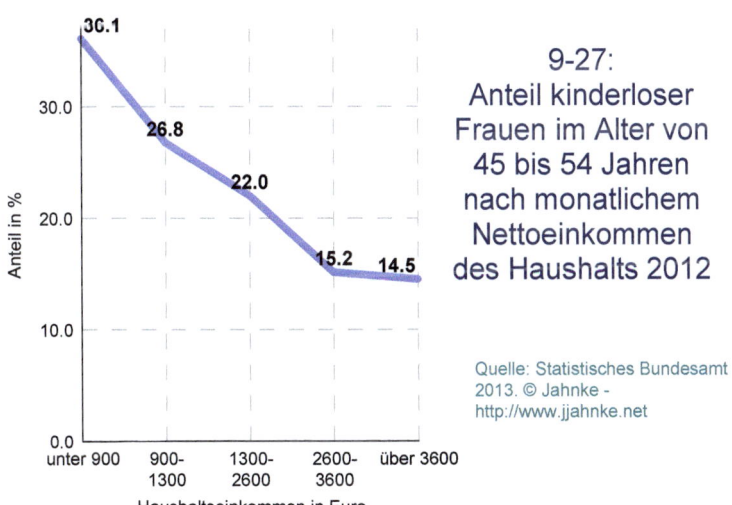

9-27:
Anteil kinderloser
Frauen im Alter von
45 bis 54 Jahren
nach monatlichem
Nettoeinkommen
des Haushalts 2012

Quelle: Statistisches Bundesamt
2013. © Jahnke -
http://www.jjahnke.net

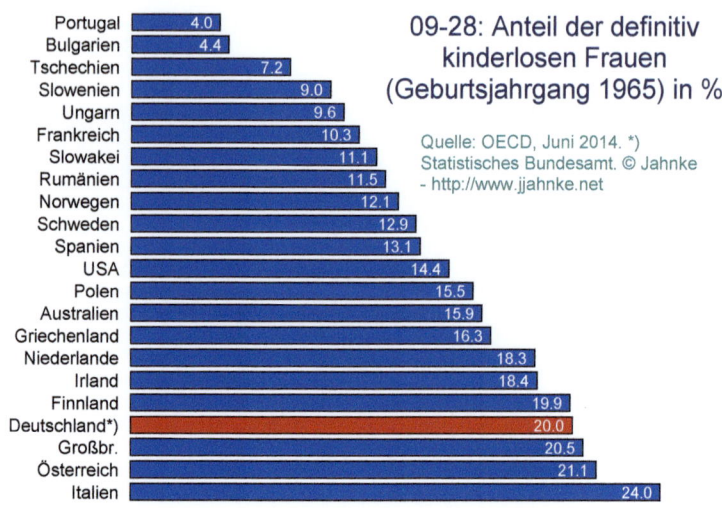

09-28: Anteil der definitiv kinderlosen Frauen (Geburtsjahrgang 1965) in %

Quelle: OECD, Juni 2014. *)
Statistisches Bundesamt. © Jahnke
- http://www.jjahnke.net

Portugal	4.0
Bulgarien	4.4
Tschechien	7.2
Slowenien	9.0
Ungarn	9.6
Frankreich	10.3
Slowakei	11.1
Rumänien	11.5
Norwegen	12.1
Schweden	12.9
Spanien	13.1
USA	14.4
Polen	15.5
Australien	15.9
Griechenland	16.3
Niederlande	18.3
Irland	18.4
Finnland	19.9
Deutschland*)	20.0
Großbr.	20.5
Österreich	21.1
Italien	24.0

09-29: Verhältnis derer ab 65 Jahre zu denen unter 15 Jahren bis 2014

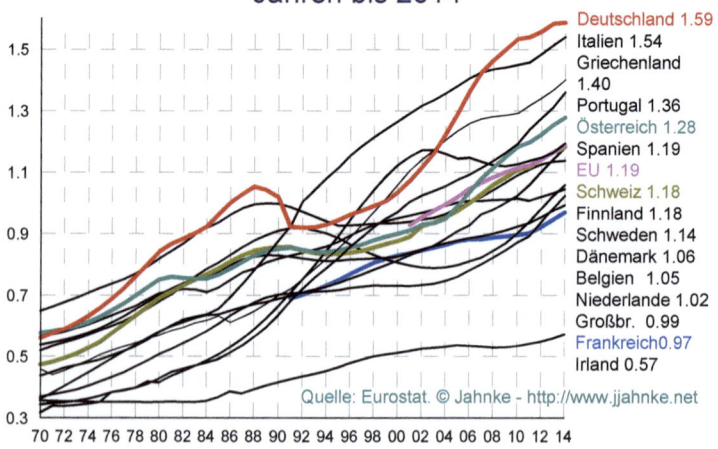

Deutschland 1.59
Italien 1.54
Griechenland 1.40
Portugal 1.36
Österreich 1.28
Spanien 1.19
EU 1.19
Schweiz 1.18
Finnland 1.18
Schweden 1.14
Dänemark 1.06
Belgien 1.05
Niederlande 1.02
Großbr. 0.99
Frankreich 0.97
Irland 0.57

Quelle: Eurostat. © Jahnke - http://www.jjahnke.net

9-30: Entwicklung der Zahl der Kinder im Alter von 0 bis 14 Jahren (UN-Prognose)

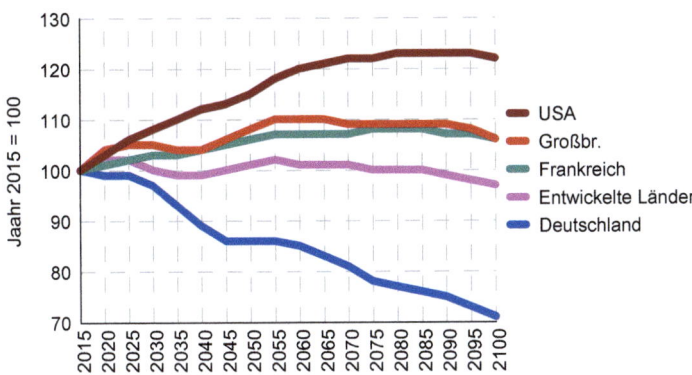

Quelle: UN- Bevölkerungsprogramm. © Jahnke - http://www.jjahnke.net

09-31: Entwicklung des Anteils der Bevölkerung 65 Jahre und älter in den entwickelten Ländern in %

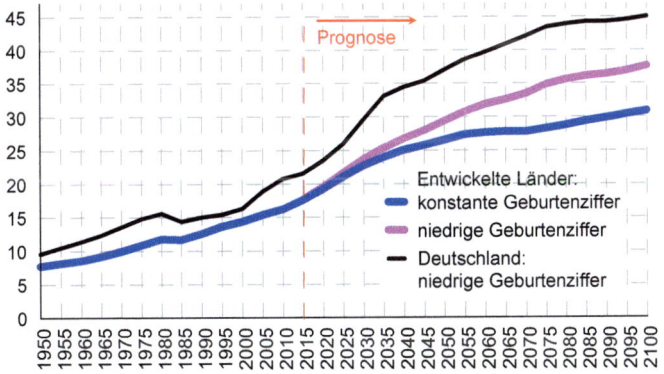

Quelle: UN, World Population Prospects: The 2012 Revision. © Jahnke - http://www.jjahnke.net

09-32: Jährlicher Bevölkerungsverlust in der Altersgruppe 20 bis 67 Jahre 2017 bis 2032 und durchschnittlicher Produktivitätsfortschritt der vergangenen 10 Jahre jeweils in %

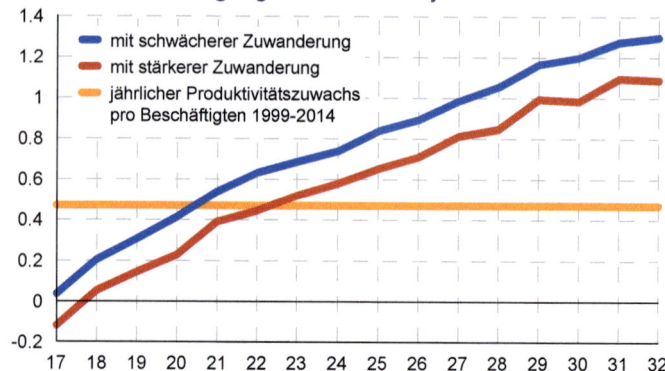

Quelle: Statistisches Bundesamt, Bevölkerungsvorausberechnung. © Jahnke - http://www.jjahnke.net

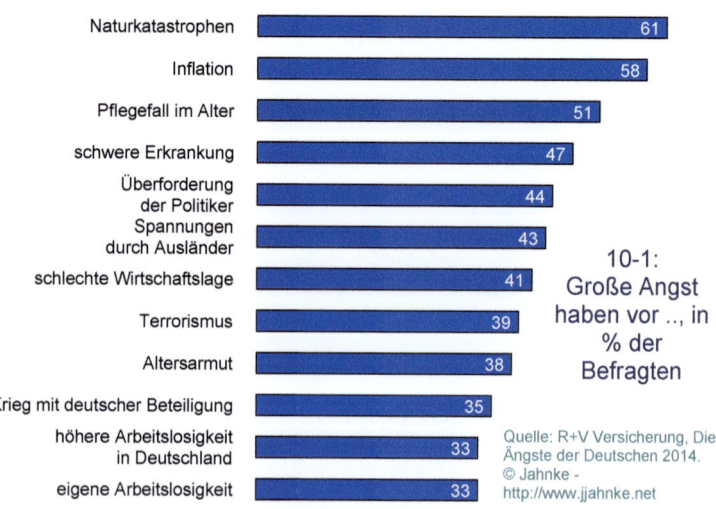

10-1: Große Angst haben vor .., in % der Befragten

Quelle: R+V Versicherung, Die Ängste der Deutschen 2014. © Jahnke - http://www.jjahnke.net

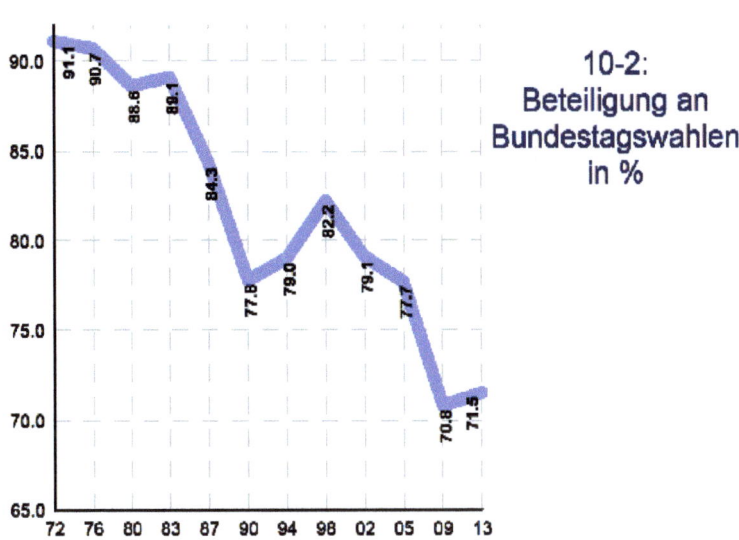

10-2:
Beteiligung an
Bundestagswahlen
in %

10-3: Arbeitslosenquote und Wahlbeteiligung bei der
Bundestagswahl 2013

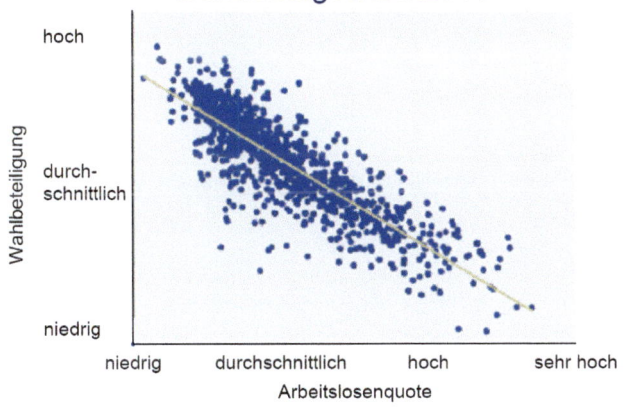

Quelle: Bertelsmann-Stiftung, Prekäre Wahlen, Dez. 2013. © Jahnke -
http://www.jjahnke.net

10-4: Wahlbeteiligung bei der Bundestagswahl 2009

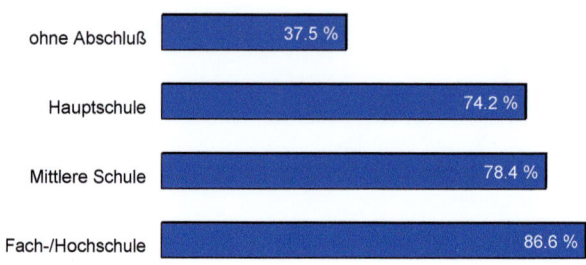

ohne Abschluß	37.5 %
Hauptschule	74.2 %
Mittlere Schule	78.4 %
Fach-/Hochschule	86.6 %

Quelle: Bildungsbericht 2012. © Jahnke - http://www.jjahnke.net

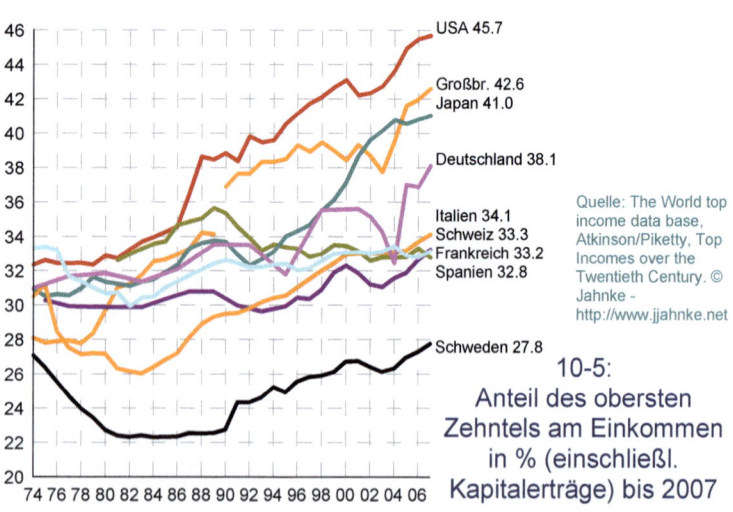

USA 45.7

Großbr. 42.6
Japan 41.0

Deutschland 38.1

Italien 34.1
Schweiz 33.3
Frankreich 33.2
Spanien 32.8

Schweden 27.8

Quelle: The World top
income data base,
Atkinson/Piketty, Top
Incomes over the
Twentieth Century. ©
Jahnke -
http://www.jjahnke.net

10-5:
Anteil des obersten
Zehntels am Einkommen
in % (einschließl.
Kapitalerträge) bis 2007